Goethe · Schiller | Xenien

Johann Wolfgang Goethe
Friedrich Schiller

Xenien

Eine Auswahl

Herausgegeben von Frieder von Ammon
und Marcel Lepper

Reclam

RECLAMS UNIVERSAL-BIBLIOTHEK Nr. 14250
2022 Philipp Reclam jun. Verlag GmbH,
Siemensstraße 32, 71254 Ditzingen
Umschlaggestaltung: Philipp Reclam jun. Verlag GmbH
Umschlagabbildung: akg-images (Schrift); © shutterstock.com / Channarong Pherngjanda (Feder); Falkensteinfoto / Alamy Stock Foto (Schiller); Pictorial Press Ltd / Alamy Stock Foto (Goethe)
Druck und Bindung: Eberl & Koesel GmbH & Co. KG,
Am Buchweg 1, 87452 Altusried-Krugzell
Printed in Germany 2022
RECLAM, UNIVERSAL-BIBLIOTHEK und
RECLAMS UNIVERSAL-BIBLIOTHEK sind eingetragene Marken der Philipp Reclam jun. GmbH & Co. KG, Stuttgart
ISBN 978-3-15-014250-9

Auch als E-Book erhältlich

www.reclam.de

Aus dem *Musen-Almanach für das Jahr 1797*

Abb. 1. Musen-Almanach für das Jahr 1797 herausgegeben von Schiller, Tübingen: Cotta, 1796. Frontispiz und Titelseite

Musen-Almanach

für

das Jahr 1797.

herausgegeben

von

SCHILLER.

Tübingen,

in der J. G. Cottaischen Buchhandlung.

Triste supercilium, durique severa Catonis
Frons et Aratoris Filia Fabricii
Et personati fastus et regula morum,
Quidquid et in tenebris non sumus, ite foras.

Der ästhetische Thorschreiber. 1

Halt Passagiere! Wer seyd ihr? Weß Standes und Characteres?
Niemand passieret hier durch, bis er den Paß mir gezeigt.

Xenien. 2

Distichen sind wir. Wir geben uns nicht für mehr noch für minder,
Sperre du immer, wir ziehn über den Schlagbaum hinweg.

Visitator. 3

Oeffnet die Coffers. Ihr habt doch nichts contrebandes geladen?
Gegen die Kirche? den Staat? Nichts von französischem Gut?

Xenien. 4

Coffers führen wir nicht. Wir führen nicht mehr als zwey Taschen
Tragen, und die, wie bekannt, sind bey Poëten nicht schwer.

Der Mann mit dem Klingelbeutel. 5

Messieurs! Es ist der Gebrauch, wer diese Straße bereiset,
Legt für die Dummen was, für die Gebrechlichen, ein.

Helf Gott. 6

Das verwünschte Gebettel! Es haben die vorderen Kutschen
Reichlich für uns mit bezahlt. Geben nichts. Kutscher fahr zu.

Der Glückstopf. 7

Hier ist Messe, geschwind, packt aus und schmücket die Bude,
Kommt Autoren und zieht, jeder versuche sein Glück.

Die Kunden. 8

Wenige Treffer sind gewöhnlich in solchen Boutiquen,
Doch die Hoffnung treibt frisch und die Neugier herbey.

Das Widerwärtige. 9

Dichter und Liebende schenken sich selbst, doch Speise voll Ekel!
Dringt die gemeine Natur sich zum Genusse dir auf!

Das Desideratum. 10

Hättest du Phantasie, und Witz und Empfindung und Urtheil,
Warlich, dir fehlte nicht viel, Wieland und Lessing zu seyn!

An einen gewissen moralischen Dichter. 11

Ja der Mensch ist ein ärmlicher Wicht, ich weiß – doch das wollt ich
Eben vergessen, und kam, ach wie gereut mich's, zu dir.

Das Verbindungsmittel. 12

Wie verfährt die Natur, um hohes und niedres im Menschen
Zu verbinden? Sie stellt Eitelkeit zwischen hinein.

Für Töchter edler Herkunft. 13

Töchtern edler Geburt ist dieses Werk zu empfehlen,
Um zu Töchtern der Lust schnell sich befördert zu sehn.

Der Kunstgriff. 14

Wollt ihr zugleich den Kindern der Welt und den Frommen gefallen?
Mahlet die Wollust – nur mahlet den Teufel dazu.

Der Teleolog. 15

Welche Verehrung verdient der Weltenschöpfer, der gnädig,
Als er den Korkbaum schuf, gleich auch die Stöpsel erfand!

Der Antiquar. 16

Was ein christliches Auge nur sieht, erblick ich im Marmor:
Zevs und sein ganzes Geschlecht grämt sich und fürchtet den Tod.

Der Kenner. 17

Alte Vasen und Urnen! Das Zeug wohl könnt ich entbehren;
Doch ein Majolika-Topf machte mich glücklich und reich.

Erreurs et Verité. 18

Irrthum wolltest du bringen und Wahrheit, o Bote, von Wandsbeck;
Wahrheit, sie war dir zu schwer; Irrthum, den brachtest du fort!

H. S. 19

Auf das empfindsame Volk hab ich nie was gehalten, es werden,
Kommt die Gelegenheit, nur schlechte Gesellen daraus.

Der Prophet. 20

Schade daß die Natur nur Einen Menschen aus dir schuf,
Denn zum würdigen Mann war und zum Schelmen der Stoff.

Das Amalgama. 21

Alles mischt die Natur so einzig und innig; doch hat sie
Edel- und Schalksinn hier, ach! nur zu innig vermischt.

Der erhabene Stoff. 22

Deine Muse besingt, wie Gott sich der Menschen erbarmte,
Aber ist das Poesie, daß er erbärmlich sie fand?

Belsatzer ein Drama. 23

König Belsatzer schmaust in dem ersten Akte, der König
Schmaust in dem zweyten, es schmaust fort bis zu Ende der Fürst.

Gewisse Romanhelden. 24

Ohne das mindeste nur dem *Pedanten* zu nehmen, erschufst du,
Künstler wie keiner mehr ist, einen vollendeten *Geck*.

Pfarrer Cyllenius. 25

Still doch von deinen Pastoren und ihrem Zofenfranzösisch,
Auch von den Zofen nichts mehr mit dem Pastorenlatein.

Jamben. 26

Jambe nennt man das Thier mit einem kurzen und langen
Fuß, und so nennst du mit Recht Jamben das hinkende Werk.

Neuste Schule. 27

Ehmals hatte man Einen Geschmack. Nun giebt es Geschmäcke,
Aber sagt mir, wo sitzt dieser Geschmäcke Geschmack?

An deutsche Baulustige. 28

Kamtschadalisch lehrt man euch bald die Zimmer verzieren,
Und doch ist manches bey euch schon kamtschadalisch genug.

Affiche. 29

Stille kneteten wir Salpeter, Kohlen und Schwefel,
Bohrten Röhren, gefall' nun auch das Feuerwerk euch.

Zur Abwechslung. 30

Einige steigen als leuchtende Kugeln und andere zünden,
Manche auch werfen wir nur spielend das Aug zu erfreun.

Der Zeitpunkt. 31

Eine große Epoche hat das Jahrhundert gebohren,
Aber der große Moment findet ein kleines Geschlecht.

Goldnes Zeitalter. 32

Ob die Menschen im Ganzen sich bessern? Ich glaub es, denn einzeln
Suche man, wie man auch will, sieht man doch gar nichts davon.

Manso von den Grazien. 33

Hexen lassen sich wohl durch schlechte Sprüche citiren,
Aber die Grazie kommt nur auf der Grazie Ruf.

Tassos Jerusalem von demselben. 34

Ein asphaltischer Sumpf bezeichnet hier noch die Stätte,
Wo Jerusalem stand, das uns Torquato besang.

Die Kunst zu lieben. 35

Auch zum Lieben bedarfst du der Kunst? Unglücklicher Manso,
Daß die *Natur* auch nichts, gar nichts für dich noch gethan!

Der Schulmeister zu Breslau. 36

In langweiligen Versen und abgeschmackten Gedanken
Lehrt ein Präceptor uns hier, wie man gefällt und verführt.

Amor, als Schulcollege. 37

Was das entsetzlichste sey von allen entsetzlichen Dingen?
Ein Pedant, den es jückt, locker und lose zu seyn.

Der zweyte Ovid. 38

Armer *Naso*, hättest du doch wie *Manso* geschrieben,
Nimmer, du guter Gesell, hättest du Tomi gesehn.

Das Unverzeihliche. 39

Alles kann mislingen, wir könnens ertragen, vergeben;
Nur nicht, was sich bestrebt, reizend und lieblich zu seyn.

Prosaische Reimer. 40

Wieland, wie reich ist dein Geist! Das kann man nun erst empfinden,
Sieht man, wie fad und wie leer dein Caput mortuum ist.

Jean Paul Richter. 41

Hieltest du deinen Reichthum nur halb so zu Rathe, wie jener
Seine Armuth, du wärst unsrer Bewunderung werth.

An seinen Lobredner. 42

Meynst du, er werde größer, wenn du die Schultern ihm leyhest?
Er bleibt klein wie zuvor, du hast den Höcker davon.

Feindlicher Einfall. 43

Fort ins Land der Philister, ihr Füchse mit brennenden Schwänzen,
Und verderbet der Herrn reife papierene Saat.

Nekrolog. 44

Unter allen, die von uns berichten, bist du mir der liebste,
Wer sich lieset in dir, liest dich zum Glücke nicht mehr.

Bibliothek schöner Wissenschaften. 45

Jahre lang schöpfen wir schon in das Sieb und brüten den Stein aus,
Aber der Stein wird nicht warm, aber das Sieb wird nicht voll.

Dieselbe. 46

Invaliden Poeten ist dieser Spittel gestiftet,
Gicht und Wassersucht wird hier von der Schwindsucht gepflegt.

Die neuesten Geschmacksrichter. 47

Dichter, ihr armen, was müßt ihr nicht alles hören, damit nur
Sein Exercitium schnell lese gedruckt der Student!

An Schwätzer und Schmierer. 48

Treibet das Handwerk nur fort, wir könnens euch freilich nicht legen,
Aber ruhig, das glaubt, treibt ihr es künftig nicht mehr.

Guerre ouverte. 49

Lange neckt ihr uns schon, doch immer heimlich und tückisch,
Krieg verlangtet ihr ja, führt ihn nun offen, den Krieg.

An gewisse Collegen. 50

Mögt ihr die schlechten Regenten mit strengen Worten verfolgen,
Aber schmeichelt doch auch schlechten Autoren nicht mehr.

An die Herren N. O. P. 51

Euch bedaur' ich am meisten, ihr wähltet gerne das Gute,
Aber euch hat die Natur gänzlich das Urtheil versagt.

Der Commissarius des jüngsten Gerichts. 52

Nach Calabrien reis't er, das Arsenal zu besehen,
Wo man die Artillerie gießt zu dem jüngsten Gericht.

Kant und seine Ausleger. 53

Wie doch ein einziger Reicher so viele Bettler in Nahrung
Setzt! Wenn die Könige baun, haben die Kärrner zu thun.

J–b. 54

Steil wohl ist er, der Weg zur Wahrheit, und schlüpfrig zu steigen,
Aber wir legen ihn doch nicht gern auf Eseln zurück.

Die Stockblinden. 55

Blinde, weiß ich wohl, fühlen und Taube sehen viel schärfer,
Aber mit welchem Organ philosophiert denn das Volk?

Analytiker. 56

Ist denn die Wahrheit ein Zwiebel, von dem man die Häute nur abschält?
Was ihr hinein nicht gelegt, ziehet ihr nimmer heraus.

Der Geist und der Buchstabe. 57

Lange kann man mit Marken, mit Rechenpfennigen zahlen,
Endlich, es hilft nichts ihr Herrn, muß man den Beutel doch ziehn.

Wissenschaftliches Genie. 58

Wird der Poet nur gebohren? Der Philosoph wirds nicht minder,
Alle Wahrheit zuletzt wird nur gebildet, geschaut.

Die bornierten Köpfe. 59

Etwas nützet ihr doch, die Vernunft vergißt des Verstandes
Schranken so gern, und *die* stellet ihr redlich uns dar.

Bedientenpflicht. 60

Rein zuerst sey das Haus, in welchem die Königinn einzieht,
Frisch denn, die Stuben gefegt! dafür, ihr Herrn, seyd ihr da.

Ungebühr. 61

Aber, erscheint sie selbst, hinaus vor die Thüre, Gesinde!
Auf den Sessel der Frau pflanze die Magd sich nicht hin.

Wissenschaft. 62

Einem ist sie die hohe, die himmlische Göttinn, dem andern
Eine tüchtige Kuh, die ihn mit Butter versorgt.

An Kant. 63

Vornehm nennst du den Ton der neuen Propheten? Ganz richtig,
Vornehm philosophiert heißt wie *Rotüre* gedacht.

Der kurzweilige Philosoph. 64

Eine spaßhafte Weisheit dociert hier ein lustiger Doctor
Bloß dem Nahmen nach *Ernst*, und in dem lustigsten Saal.

Verfehlter Beruf. 65

Schade daß ein Talent hier auf dem Katheder verhallet,
Das auf höherm Gerüst hätte zu glänzen verdient.

Das philosophische Gespräch. 66

Einer, das höret man wohl, spricht *nach* dem andern, doch keiner
Mit dem andern; wer nennt zwey Monologen Gespräch?

Das Privilegium. 67

Dichter und Kinder, man giebt sich mit beyden nur ab, um zu spielen,
Nun so erboset euch nicht, wird euch die Jugend zu laut.

Revolutionen. 93

Was das Luthertum war ist jetzt das Franzthum in diesen
Letzten Tagen, es drängt ruhige Bildung zurück.

Partheygeist. 94

Wo Partheyen entstehn, hält jeder sich hüben und drüben;
Viele Jahre vergehn, eh sie die Mitte vereint.

Das deutsche Reich. 95

Deutschland? aber wo liegt es? Ich weiß das Land nicht zu finden,
Wo das gelehrte beginnt, hört das politische auf.

Deutscher Nationalcharacter. 96

Zur *Nation* euch zu bilden, ihr hoffet es, Deutsche, vergebens.
Bildet, ihr könnt es, dafür freyer zu Menschen euch aus.

Nicolai. 184

Nicolai reiset noch immer, noch lang wird er reisen,
Aber ins Land der Vernunft findet er nimmer den Weg.

Der Wichtige. 185

Seine Meinung sagt er von seinem Jahrhundert, er sagt sie,
Nochmals sagt er sie laut, hat sie gesagt und geht ab.

Der Plan des Werks. 186

Meine Reis' ist ein Faden, an dem ich drey Lustra die Deutschen
Nützlich führe, so wie formlos die Form mirs gebeut.

Formalphilosophie. 187

Allen Formen macht er den Krieg, er weiß wohl, zeitlebens
Hat er mit Müh und Noth Stoff nur zusammengeschleppt.

Der Todfeind. 188

Willst du alles vertilgen, was deiner Natur nicht gemäß ist,
Nicolai, zuerst schwöre dem Schönen den Tod!

Philosophische Querköpfe. 189

Querkopf! schreiet ergrimmt in unsere Wälder Herr Nickel,
Leerkopf! schallt es darauf lustig zum Walde heraus.

Empirischer Querkopf. 190

Armer empirischer Teufel! du kennst nicht einmal das dumme
In dir selber, es ist ach! a priori so dumm.

Der Quellenforscher. 191

Nicolai entdeckt die Quellen der Donau! Welch Wunder!
Sieht er gewöhnlich doch sich nach der Quelle nicht um.

Derselbe. 192

Nichts kann er leiden was groß ist und mächtig, drum herrliche Donau
Spürt dir der Häscher so lang nach, bis er seicht dich ertappt.

N. Reisen XI. *Band. S. 177.* 193

A propos Tübingen! Dort sind Mädchen, die tragen die Zöpfe
Lang geflochten, auch dort giebt man die Horen heraus.

Der Glückliche. 194

Sehen möcht ich dich Nickel, wenn du ein Späßchen erhaschest,
Und, von dem Fund entzückt, drauf dich im Spiegel besiehst.

Verkehrte Wirkung. 195

Rührt sonst einen der Schlag, so stockt die Zunge gewöhnlich,
Dieser, so lange gelähmt, schwatzt nur geläufiger fort.

Pfahl im Fleisch. 196

Nenne Lessing nur nicht, der Gute hat vieles gelitten
Und in des Märtyrers Kranz warst du ein schrecklicher Dorn.

Die Horen an Nicolai. 197

Unsere Reyhen störtest du gern, doch werden wir wandeln,
Und du tappe denn auch, plumper Geselle! so fort.

Fichte und Er. 198

Freilich tauchet der Mann kühn in die Tiefe des Meeres,
Wenn du, auf leichtem Kahn, schwankest und Heringe fängst.

Briefe über ästhetische Bildung. 199

Dunkel sind sie zuweilen, vielleicht mit Unrecht, o Nickel!
Aber die Deutlichkeit ist warlich nicht Tugend an dir.

Modephilosophie. 200

Lächerlichster, du nennst das Mode, wenn immer von neuem
Sich der menschliche Geist ernstlich nach Bildung bestrebt.

Das grobe Organ. 201

Was du mit Händen nicht greifst, das scheint dir Blinden ein Unding,
Und betastest du was, gleich ist das Ding auch beschmutzt.

Der Lastträger. 202

Weil du vieles geschleppt und schleppst und schleppen wirst, meynst du
Was sich selber bewegt, könne vor dir nicht bestehn.

Die Waidtasche. 203

Reget sich was, gleich schießt der Jäger, ihm scheinet die Schöpfung,
Wie lebendig sie ist, nur für den Schnappsack gemacht.

Das Unentbehrliche. 204

Könnte Menschenverstand doch ohne Vernunft nur bestehen,
Nickel hätte fürwahr menschlichsten Menschenverstand.

Die Xenien. 205

Was uns ärgert, du gibst mit langen entsetzlichen Noten
Uns auch wieder heraus unter der Reiserubrik.

Lucri bonus odor. 206

Gröblich haben wir dich behandelt, das brauche zum Vortheil
Und im zwölften Band schilt uns, da giebt es ein Blatt.

Vorsatz. 207

Den Philister verdrieße, den Schwärmer necke, den Heuchler
Quäle der fröhliche Vers, der nur das Gute verehrt.

Xenien. 332

Muse, wo führst du uns hin? Was, gar zu den Manen hinunter?
Hast du vergessen, daß wir nur Monodistichen sind?

Muse. 333

Desto besser! Geflügelt wie ihr, dünnleibig und luftig,
Seele mehr als Gebein, wischt ihr als Schatten hindurch.

Acheronta movebo. 334

Hölle, jetzt nimm dich in Acht, es kommt ein Reisebeschreiber,
Und die Publicität deckt auch den Acheron auf.

Sterilemque tibi Proserpina vaccam. 335

Hekate! Keusche! dir schlacht ich die Kunst zu lieben von Manso,
Jungfer noch ist sie, sie hat nie was von Liebe gewußt.

Elpänor. 336

Muß ich dich hier schon treffen Elpänor? Du bist mir gewaltig
Vorgelaufen! und wie? Gar mit gebrochnem Genick?

Unglückliche Eilfertigkeit. 337

Ach, wie sie *Freyheit* schrien und *Gleichheit*, geschwind wollt ich folgen,
Und weil die Trepp' mir zu lang däuchte, so sprang ich vom Dach.

Achilles. 338

Vormals im Leben ehrten wir dich, wie einen der Götter,
Nun du todt bist, so herrscht über die Geister dein Geist.

Trost. 339

Laß dich den Tod nicht reuen Achill. Es lebet dein Nahme
In der Bibliothek schöner Scientien hoch.

Seine Antwort. 340

Lieber möcht' ich fürwahr dem Aermsten als Ackerknecht dienen,
Als des Gänsegeschlechts Führer seyn, wie du erzählst.

Frage. 341

Du verkündige mir von meinen jungen Nepoten,
Ob in der Litteratur beyde noch walten und wie?

Antwort. 342

Freylich walten sie noch und bedrängen hart die Trojaner,
Schießen manchmal auch wohl blind in das Blaue hinein.

Frage. 343

Melde mir auch, ob du Kunde vom alten Peleus vernahmest,
Ob er noch weit geehrt in den Kalendern sich liest?

Antwort. 344

Ach! ihm mangelt leider die spannende Kraft und die Schnelle,
Die einst des G* * * herrliche Saiten belebt.

Ajax. 345

Ajax, Telamons Sohn! So mußtest du selbst nach dem Tode
Noch forttragen den Groll wegen der Recension?

Tantalus. 346

Jahre lang steh ich so hier, zur Hippokrene gebücket,
Lechzend vor Durst, doch der Quell, will ich ihn kosten, zerrinnt.

Phlegyasque miserrimus omnes admonet. 347

O ich Thor! Ich rasender Thor! Und rasend ein jeder
Der, auf des Weibes Rath horchend, den Freyheitsbaum pflanzt!

Die dreyfarbige Kokarde. 348

Wer ist der Wüthende da, der durch die Hölle so brüllet,
Und mit grimmiger Faust sich die Kokarde zerzaußt?

Agamemnon. 349

Bürger Odysseus! Wohl dir! Bescheiden ist deine Gemahlin,
Strickt dir die Strümpfe, und steckt keine drey Farben dir an!

Porphyrogeneta, den Kopf unter dem Arme. 350

Köpfe schaffet euch an, ihr Liebden! Thut es bey Zeiten!
Wer *nicht* hat, er verliert, auch was er *hat*, noch dazu!

Sisyphus. 351

Auch noch hier nicht zur Ruh, du unglückselger! Noch immer
Rollst du Bergauf wie einst, da du regiertest, den Stein!

Sulzer. 352

Hüben über den Urnen! Wie anders ists als wir dachten!
Mein aufrichtiges Herz hat mir Vergebung erlangt.

Haller. 353

Ach! Wie schrumpfen allhier die dicken Bände zusammen,
Einige werden belohnt, aber die meisten verziehn.

Moses Mendelssohn. 354

Ja! du siehst mich unsterblich! »Das hast du uns ja in dem Phädon
Längst bewiesen.« – Mein Freund, freue dich, daß du es siehst!

Der junge Werther. 355

»Worauf lauerst du hier?« – Ich erwarte den dummen Gesellen,
Der sich so abgeschmackt über mein Leiden gefreut.

*L***.* 356

»Edler Schatten, du zürnst?« – Ja über den lieblosen Bruder,
Der mein modernd Gebein lässet im Frieden nicht ruhn.

Dioscuren. 357

Einen wenigstens hofft' ich von euch hier unten zu finden,
Aber beyde seyd ihr sterblich, drum lebt ihr zugleich.

Unvermuthete Zusammenkunft. 358

Sage Freund, wie find ich denn dich in des Todes Behausung,
Ließ ich doch frisch und gesund dich in Berlin noch zurück?

Der Leichnam. 359

Ach, das ist nur mein Leib, der in Almanachen noch umgeht!
Aber es schiffte schon längst über den Lethe der Geist.

Peregrinus Proteus. 360

Siehest du Wieland, so sag ihm: ich lasse mich schönstens bedanken,
Aber er that mir zuviel Ehr' an, ich war doch ein Lump.

Lucian von Samosata. 361

»Nun Freund, bist du versöhnt mit den Philosophen? Du hast sie
Oben im Leben, das weiß Jupiter! tüchtig geneckt.«

Geständniß. 362

Rede leiser mein Freund. Zwar hab ich die Narren gezüchtigt,
Aber mit vielem Geschwätz oft auch die Klugen geplagt.

Alcibiades. 363

Kommst du aus Deutschland? Sieh mich doch an, ob ich wirklich ein solcher
Hasenfuß bin, als bey euch man in Gemälden mich zeigt?

Martial. 364

Xenien nennet ihr euch? Ihr gebt euch für Küchenpräsente?
Ißt man denn, mit Vergunst, spanischen Pfeffer bey euch?

Xenien. 365

Nicht doch! Aber es schwächten die vielen wäßrigten Speisen
So den Magen, daß jetzt Pfeffer und Wermuth nur hilft.

Rhapsoden. 366

Wer von euch ist der Sänger der Ilias? Weils ihm so gut schmeckt,
Ist hier von Heynen ein Pack Göttinger Würste für ihn.

Viele Stimmen. 367

Mir her, ich sang der Könige Zwist! Ich die Schlacht bey den Schiffen!
Mir die Würste! ich sang, was auf dem Ida geschah!

Rechnungsfehler. 368

Friede! Zerreißt mich nur nicht! die Würste werden nicht reichen,
Der sie schickte, er hat sich nur auf Einen versehn.

Einer aus dem Chor. 369
(fängt an zu recitiren.)

»Warlich, nichts lustigers weiß ich, als wenn die Tische recht voll sind,
Von Gebacknem und Fleisch, und wenn der Schenke nicht säumt –«

Vorschlag zur Güte. 370

Theilt euch wie Brüder! Es sind der Würste gerade zwey Dutzend,
Und wer Astyanax sang, nehme noch diese von mir.

Philosophen. 371

Gut, daß ich euch, ihr Herren, in pleno beysammen hier finde,
Denn das Eine, was noth, treibt mich herunter zu euch.

Aristoteles. 372

Gleich zur Sache, mein Freund. Wir halten die Jenaer Zeitung
Hier in der Hölle und sind längst schon von allem belehrt.

Dringend. 373

Desto besser! So gebt mir, ich geh euch nicht eher vom Leibe,
Einen allgültigen Satz, und der auch allgemein gilt.

Einer aus dem Haufen. 374

Cogito ergo sum. Ich denke und mithin, so bin ich,
Ist das Eine nur wahr, ist es das andre gewiß.

Ich. 375

Denk ich, so bin ich! Wohl! Doch wer wird immer auch denken?
Oft schon war ich, und hab wirklich an gar nichts gedacht!

Ein zweyter. 376

Weil es Dinge doch giebt, so giebt es ein Ding aller Dinge,
In dem Ding aller Ding' schwimmen wir, wie wir so sind.

Ein dritter. 377

Just das Gegentheil sprech ich. Es giebt kein Ding als mich selber!
Alles andre, in mir steigt es als Blase nur auf.

Ein vierter. 378

Zweyerley Dinge laß ich passieren, die Welt und die Seele,
Keins weiß vom andern und doch deuten sie beyde auf Eins.

Ein fünfter. 379

Von dem Ding weiß ich nichts, und weiß auch nichts von der Seele,
Beyde erscheinen mir nur, aber sie sind doch kein Schein.

Ein sechster. 380

Ich bin ich, und setze mich selbst, und setz ich mich selber
Als nicht gesetzt, nun gut! setz ich ein Nicht Ich dazu.

Ein siebenter. 381

Vorstellung wenigstens ist; ein Vorgestelltes ist also,
Ein Vorstellendes auch, macht, mit der Vorstellung, drey!

Ich. 382

Damit lock ich, ihr Herrn, noch keinen Hund aus dem Ofen,
Einen erklecklichen Satz will ich, und der auch was setzt.

Ein achter. 383

Auf theoretischem Feld ist weiter nichts mehr zu finden,
Aber der praktische Satz gilt doch: Du kannst, denn du sollst!

Ich. 384

Dacht' ichs doch! Wissen sie nichts vernünftiges mehr zu erwiedern,
Schieben sies einem geschwind in das Gewissen hinein.

David Hume. 385

Rede nicht mit dem Volk, der Kant hat sie alle verwirret,
Mich frag, ich bin mir selbst auch in der Hölle noch gleich.

Rechtsfrage. 386

Jahre lang schon bedien ich mich meiner Nase zum Riechen,
Hab ich denn wirklich an sie auch ein erweisliches Recht?

Puffendorf. 387

Ein bedenklicher Fall! doch die Erste Possession scheint
Für dich zu sprechen, und so brauche sie immerhin fort.

Gewissensscrupel. 388

Gerne dien ich den Freunden, doch thu ich es leider mit Neigung,
Und so wurmt es mir oft, daß ich nicht tugendhaft bin.

Decisum. 389

Da ist kein anderer Rath, du mußt suchen, sie zu verachten,
Und mit Abscheu alsdann thun, wie die Pflicht dir gebeut.

Hercules. 390

Endlich erblickt' ich auch den gewaltigen Hercules! Seine
Uebersetzung! Er selbst leider war nicht mehr zu sehn.

Heracliden. 391

Rings um schrie, wie Vögelgeschrey, das Geschrey der Tragöden,
Und das Hundegebell der Dramaturgen um ihn.

»Pure Manier«. 392

Schauerlich stand das Ungethüm da. Gespannt war der Bogen,
Und der Pfeil auf der Senn' traf doch beständig das Herz.

Er. 393

Welche noch kühnere That, Unglücklicher, wagest du jetzo?
Zu den Verstorbenen selbst niederzusteigen, ins Grab!

Ich. 394

Wegen Tiresias mußt' ich herab, den Seher zu fragen,
Wo ich den guten Geschmack fände, der nicht mehr zu sehn.

Er. 395

Glauben sie nicht der Natur und den alten Griechen, so hohlst du
Eine Dramaturgie ihnen vergeblich herauf.

Ich. 396

O die Natur, die zeigt auf unsern Bühnen sich wieder,
Spitternackend, daß man jegliche Rippe ihr zählt.

Er. 397

Wie? So ist wirklich bey euch der alte Kothurnus zu sehen,
Den zu hohlen ich selbst stieg in des Tartarus Nacht?

Ich. 398

Nichts mehr von diesem tragischen Spuk. Kaum einmal im Jahre
Geht dein geharnischter Geist über die Bretter hinweg.

Er. 399

Auch gut! Philosophie hat eure Gefühle geläutert,
Und vor dem heitern Humor fliehet der schwarze Affekt.

Ich. 400

Ja, ein derber und trockener Spaß, nichts geht uns darüber,
Aber der Jammer auch, wenn er nur naß ist, gefällt.

Er. 401

Also sieht man bey euch den leichten Tanz der Thalia
Neben dem ernsten Gang, welchen Melpomene geht?

Ich. 402

Keines von beyden! Uns kann nur das christlichmoralische rühren,
Und was recht populär, häuslich und bürgerlich ist.

Er. 403

Was? Es dürfte kein Cäsar auf euren Bühnen sich zeigen,
Kein Anton, kein Orest, keine Andromacha mehr?

Ich. 404

Nichts, Man siehet bey uns nur Pfarrer, Kommerzienräthe,
Fähndriche, Sekretairs oder Husarenmajors.

Er. 405

Aber ich bitte dich Freund, was kann denn dieser Misère
Großes begegnen, was kann großes denn durch sie geschehn?

Ich. 406

Was? Sie machen Kabale, sie leyhen auf Pfänder, sie stecken
Silberne Löffel ein, wagen den Pranger und mehr.

Er. 407

Woher nehmt ihr denn aber das große gigantische Schicksal,
Welches den Menschen erhebt, wenn es den Menschen zermalmt?

Ich. 408

Das sind Grillen! Uns selbst und unsre guten Bekannten;
Unsern Jammer und Noth suchen und finden wir hier.

Er. 409

Aber das habt ihr ja alles bequemer und besser zu Hause,
Warum entfliehet ihr euch, wenn ihr euch selber nur sucht?

Ich. 410

Nimms nicht übel mein Heros. Das ist ein verschiedener Casus,
Das Geschick, das ist blind, und der Poet ist gerecht.

Er. 411

Also *eure* Natur, die erbärmliche, trift man auf euren
Bühnen, die große nur nicht, nicht die unendliche an?

Er. 412

Der Poet ist der Wirth und der letzte Actus die Zeche,
Wenn sich das Laster erbricht, setzt sich die Tugend zu Tisch.

Muse zu den Xenien. 413

Aber jetzt rath ich euch, geht, sonst kommt noch gar der Gorgona
Fratze oder ein Band Oden von Haschka hervor.

An die Freyer. 414

Alles war nur ein Spiel! Ihr Freyer lebt ja noch alle,
Hier ist der Bogen und hier ist zu den Ringen der Platz.

Aus der Sammelhandschrift

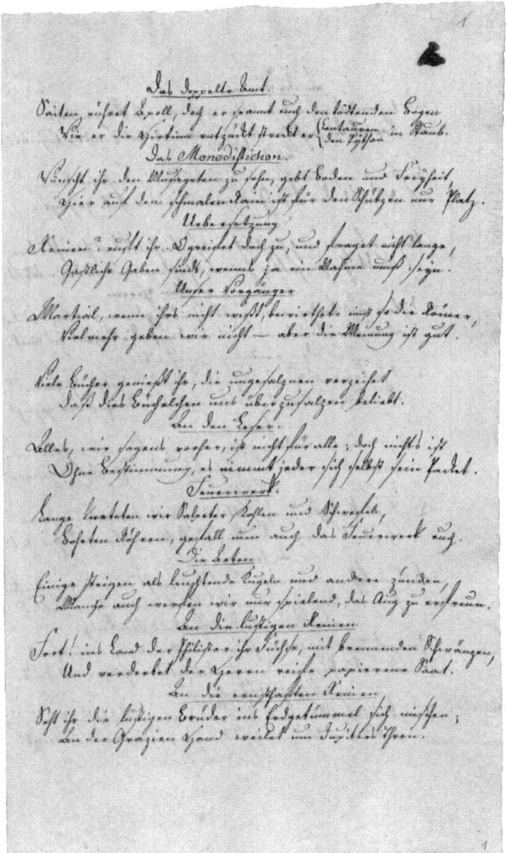

Abb. 2. Xenien, Sammelhandschrift (H^b), S. 1

Das doppelte Amt. 1

Saiten rühret Apoll, doch er spannt auch den tödtenden Bogen,
Wie er die Hirtinn entzückt, streckt er { Centauren / den Python } in Staub.

Das Monodistichon. 2

Wünscht ihr den Musageten zu sehn, gebt Boden und Freyheit,
Hier auf dem schmalen Rain ist für den Schützen nur Platz.

Übersetzung. 3

Xenien? ruft ihr. O greifet doch zu, und fraget nicht lange,
Gastliche Gaben sinds, wenns ja ein Nahme muß seyn.

Unser Vorgänger. 4

Martial, wenn ihrs nicht wißt, bewirthete einst so die Römer,
Viel mehr geben wir nicht – aber die Meinung ist gut.

Wißt ihr, wie auch der Kleine was ist? er mache das Kleine 67
Recht, der Große begehrt just so das Große zu thun.

Wer ist das würdigste Glied der Regierung? Ein würdiger Bürger, 68
Und im despotischen Land ist er der Pfeiler des Staats.

Der Erste. 69

Wer ist denn wirklich ein Fürst? Ich hab es immer gesehen,
Der nur ist wirklich Fürst, der es vermochte zu seyn.

Ultima ratio. 70

Fehlt die Einsicht von oben, der gute Wille von unten;
Führt sogleich die Gewalt, oder sie endet den Streit.

Wer will die Stelle? 71

Republiken hab' ich gesehen und das ist die beste,
Die dem regierenden Theil Lasten, nicht Vortheil gewährt.

Zum ewigen Frieden. 72

Bald, kennt jeder den eigenen Vortheil und gönnet dem andern
Seinen Vortheil, so ist ewiger Friede gemacht.

Zum ewigen Krieg. 73

Keiner bescheidet sich gern mit dem Theile der ihm gebühret,
Und so habt ihr den Stoff ewig und ewig zum Krieg.

Unterschied. 74

Zweyerley Arten giebt es, die treffende Wahrheit zu sagen,
Öffentlich immer dem Volk, immer dem Fürsten geheim.

Warum? 75

Wenn du laut den einzelnen schiltst, er wird sich verstocken,
Wie sich die Menge verstockt, wenn du im Ganzen sie lobst.

An unsere Repräsentanten. 76

Unsere Stimme zum König hat jener Drache, mit vielen
Schwänzen und Einem Kopf, nicht das vielköpfige Thier.

An den Selbstherrscher. 77

Du bist König und Ritter und kannst befehlen und streiten,
Aber zu jedem Vertrag rufe den Kanzler herbey.

Der Minister. 78

Klug und thätig und fest, bekannt mit allem, nach oben
Und nach unten gewandt, er sey Minister und bleib's.

Der Hofmann. 79

Welchen Hofmann ich ehre? Den klärsten und feinsten! das andre
Was er noch sonst besitzt kommt ihm als Menschen zu gut.

Der Rathsherr. 80

Ob du der klügste seyst? Daran ist wenig gelegen;
Aber der biederste sey, so wie bey Rathe zu Hauß.

Der Nachtwächter. 81

Ob du wachst, das kümmert uns nicht, wofern du nur singest,
Singe wie mehrere thun, schlafend, wo möglich, dein Lied.

Verkehrter Beruf. 82

Forsche der Philosoph, der Weltmann handle! Doch weh uns,
Handelt der Forscher und giebt, der es vollzieht, das Gesetz.

Die Unberufenen. 83

Wissen wollt ihr und handeln, und keiner fragt sich, was bin ich
Für ein Gefäß zum Gehalt? Was für ein Werkzeug zur That?

Politische Lehre. 84

Alles sey recht was du thust, doch dabey laß es bewenden,
Freund, und enthalte dich ja, alles was recht ist zu thun.

Das Kennzeichen. 85

Wahrem Eifer genügt, daß das Vorhandne *vollkommen*
Sey, der falsche will stets, daß das Vollkommene sey.

Die gute Staatsverfassung. 86

Diese nur kann ich dafür erkennen, die jedem erleichtert,
Gut zu denken, doch nie, daß er so denke, bedarf.

An die Gesetzgeber. 87

Setzet immer voraus, daß der Mensch im Ganzen, was recht ist,
Will, im einzelnen nur rechnet mir niemals darauf.

Doppelter Irrthum. 88

Nimmst du die Menschen für schlecht, du kannst dich verrechnen, o Weltmann,
Schwärmer, wie bist du getäuscht, nimmst du die Menschen für gut.

Würde des Menschen. 89

Nichts mehr davon, ich bitt euch. Zu essen gebt ihm, zu wohnen,
Habt ihr die *Blöße* bedeckt, – giebt sich die *Würde* von selbst.

Das goldne Zeitalter. 90

Ob die Menschen im ganzen sich bessern? Ich glaub es, denn einzeln,
Suche man wie man auch will, sieht man doch gar nichts davon.

Majestas populi. 91

Majestät der Menschennatur! Dich soll ich beym Haufen
Suchen? Bey wenigen nur hast du von jeher gewohnt!

Das Lotto. 92

Einzelne wenige zählen, die übrigen alle sind blinde
Nummern, ihr leeres Gewühl hüllet die Treffer blos ein.

Die Forscher. 158

Tausend Spione lauren auf deine Spuren, o Wahrheit,
Aber mit leisem Tritt schreitest du mitten hindurch.

Alles will jetzt den Menschen von außen, von innen ergründen, 159
Wahrheit, wo rettest du dich hin vor der grausamen Jagd?

Metaphysiker und Physiker. 160

Welches Treiben zugleich nach reiner Vernunft, nach Erfahrung,
Ach sie stecken das Haus oben und unten in Brand.

Welche wohl bleibt von allen den Philosophien? Ich weiß nicht, 161
Aber die Philosophie, hoff ich, soll ewig bestehn.

Wissenschaft. 162

Eine unsterbliche Göttinn ist sie dem einen, dem andern
Eine tüchtige Kuh, die ihn mit Butter versorgt.

Herrlicher Künste Mutter ist das Bedürfniß gewesen, 163
Zu der Wissenschaft nur hat es noch keinen geführt.

Ärzte. 164

Wissen möchtet ihr gern die geheime Strucktur des Gebäudes
Und ihr wählt den Moment, wenn es in Flammen geräth.

Empiriker. 165

Daß ihr der Künste würdigste treibt, wer hat es bezweifelt?
Aber die würdigste Kunst ist nur Gewerbe bey euch.

Theoretiker. 166

Ihr verfahrt nach Gesetzen, auch würdet ihr alle kuriren,
Wäre der Obersatz nur, wäre der Untersatz wahr!

Die Systeme. 167

Prächtig habt ihr gebaut. Du lieber Himmel! Wie treibt man,
Nun er so königlich erst wohnet, den Irrthum heraus?

Letzte Zuflucht. 168

Vornehm schaut ihr im Glück auf den blinden Empiriker nieder,
Aber, seid ihr in Noth, ist er der delphische Gott.

Was ist das schwerste von allem? Was dir das leichteste dünket, 169
Mit den Augen zu sehn, was vor den Augen dir liegt.

Moralische Schwätzer. 198

Wie sie mit ihrer Moral, die schmutzgen Naturen uns quälen!
Thut euch die Peitsche so gar noth, was empfehlt ihr sie uns!

Die neue Entdeckung. 199

Ernsthaft beweisen sie dir, du dürftest nicht stehlen, nicht lügen.
Welcher Lügner und Dieb zweifelte jemals daran?

Meine Antipathie. 200

Herzlich ist mir das Laster zuwider und doppelt zuwider
Ist mirs, weil es allein nöthig die Tugend gemacht.

»Wie, du hassest die Tugend?« – Ich wollte wir übten sie alle, 201
Und so spräche, wills Gott, ferner kein Mensch mehr davon!

Nur zwey Tugenden giebts, o wären sie immer vereinigt! 202
Immer die Güte auch groß, immer die Größe auch gut!

Apolog. 277

Hast du jemals den Schwank vom Fuchs und vom Kranich gelesen?
Etwas ähnliches, Freund, hab ich vor kurzem erlebt.

Der Kranich beym Fuchse. 278

Den philosoph'schen Verstand lud einst der gemeine zu Tische,
Schüsseln sehr breit und flach setzt er dem Hungrigen vor.

Was geschah? 279

Hungrig verließ die Tafel der Gast. Nur dürftige Bißlein
Faßte der Schnabel, der Wirth schluckte die Speisen allein.

Der Fuchs beym Kranich. 280

Den gemeinen Verstand lud nun der andre zu Tische,
Einen enghalsigten Krug setzt er dem Durstigen vor.

Was geschah? 281

Trink nun, Bester! so rief und mächtig schlürfte der Langhals,
Aber vergebens am Rand schnuppert das thierische Maul.

Der epische Hexameter. 523

Schwindelnd trägt er dich fort auf rastlos ströhmenden Wogen,
Hinter dir siehst du, du siehst vor dir nur Himmel und Meer.

Distichon. 524

Im *Hexameter* steigt des Springquells silberne Säule,
Im *Pentameter* drauf fällt sie melodisch herab.

Ottave rime. 525

Stanze, dich schuf die Liebe, die zärtlich schmachtende; dreymal
Fliehest du schamhaft und kehrst dreymal verlangend zurück.

Alexandriner. 526

In das Gewölk hinauf sendet mich nicht mit Jupiters Blitzen,
Aber ich trag euch dafür ehrlich zur Mühle den Sack.

Arabesken. 527

In der Schönheit Gebiet sind wir die freiesten Bürger,
Doch da wir sonst nichts sind, sehet, so sind wir nicht viel.

Alle die andern, sie haben zu tragen, zu thun, zu bedeuten, 528
Wir, das glückliche Volk, brauchen sonst nichts als zu seyn.

Architectur. 529

Unter dem leichten Geschlecht erscheinst du schwer und bedächtig,
Aber zu Regel und Zucht winkst du die Schwestern zurück.

Hüpfe nur, leichtes Geschlecht, ich gefesselte kann dir nicht folgen, 530
Aber ich weiß zu ruhn, und auf mir selber zu stehn.

Freylich kann ich dich nicht in schlängelnden Wellen umspielen, 531
Aber mein Daseyn faßt mächtig wie keines dich an.

Säule. 532

Müssig gelt ich dir nichts, ich gefalle dir nur wenn ich trage,
Herrlich im glänzenden Reyhn schmückt mich die glänzende Last.

Tempel. 533

Fröhlich dienen wir eines dem andern, mich halten die schlanken
Säulen oben, und leicht über uns schwebet das Dach.

Gewölb. 534

Sicher ruhst du auf uns, und warum? Weil wir alle zum Centrum
Gleich uns neigen und gleich unter uns theilen die Last.

Obelisk. 535

Aufgerichtet hat mich auf hohem Gestelle der Meister:
Stehe, sprach er, und ich steh ihm mit Muth und mit Lust.

Triumphbogen. 536

Fürchte nicht, sagte der Meister, den Bogen des Himmels. Ich stelle
Dich unendlich wie ihn, in die Unendlichkeit hin.

Peterskirche. 537

Suchst du das Unermeßliche hier? Du hast dich geirret,
Meine Größe ist die, größer zu machen dich selbst.

Schöne Brücke. 538

Unter mir, über mir rennen die Wellen, die Wagen und gütig
Gönnte der Meister mir selbst auch mit hinüber zu gehn.

Thor. 539

Schmeichelnd lade das Thor den Freyen ein zum Gesetze,
Froh in die freye Natur führ es den Bürger hinaus.

Grenzscheide. 540

Heilig waren vordem die Thore, sie stehen bedeutend
Zwischen der wilden Natur, zwischen dem engen Vertrag.

Das Skelet und die Urne. 541

In das Grab hinein pflanzte der menschliche Grieche noch Leben,
Und du thöricht Geschlecht stellst in das Leben den Tod!

Die Basreliefs. 542

Seht, was versucht nicht der Mensch, mit dem Tod zu versöhnen das Leben,
Nimmer gelingt's – ach sie sind schrecklich und ewig getrennt.

Der Genius mit der umgestürzten Fackel. 543

Lieblich sieht er zwar aus mit seiner erloschenen Fackel,
Aber, ihr Herren, der Tod ist so ästhetisch doch nicht.

Pompeji. 544

Vor der zerstöhrenden Zeit und vor dem zerstöhrenden Gothen
Flüchtete tief in das Grab mich die Zerstöhrung hinab.

Grabschrift. 545

Freust du dich deines Lebens, o Wandrer, so soll es mir lieb seyn,
Auch ich lebte, auch ich hab mich des Lebens gefreut.

Das gemeinschaftliche Schicksal. 591

Siehe, wir hassen, wir streiten, es trennet uns Neigung und Meinung,
Aber es bleichet indeß dir sich die Locke wie mir.

Warum plagen wir einer den andern? Das Leben verrinnet, 592
Und es versammelt uns nur einmal wie heute die Zeit.

Jetzige Generation. 593

War es stets so wie jetzt? Ich kann das Geschlecht nicht begreifen,
Nur das Alter ist jung, ach! und die Jugend ist alt!

Falscher Studiertrieb. 594

O wie viel neue Feinde der Wahrheit! mir blutet die Seele,
Seh ich das Eulengeschlecht, das zu dem Lichte sich drängt.

Poetischer Dilettant. 595

Weil ein Vers dir gelingt in einer gebildeten Sprache,
Die für dich dichtet und denkt, glaubst du schon Dichter zu seyn.

E. v. B. – 596

Alles schreibt, es schreibt der Knabe, der Greis, die Matrone.
Götter, erschafft ein Geschlecht, welchem das schreibende schreibt.

Du vereinigest jedes Talent, das den Autor vollendet, 597
O entschließe dich, Freund, nichts als ein Leser zu seyn.

Welchen Leser ich wünsche? Den unbefangensten, der mich, 598
Sich und die Welt vergißt und in dem Buche nur lebt.

Das Mittel. 599

Willst du wirken als Autor, in Deutschland, so triff sie nur tüchtig,
Denn zum Beschauen des Werks finden sich wenige nur.

Hast du an liebender Brust das Kind der Empfindung gepfleget, 600
Einen Wechselbalg nur giebt dir der Leser zurück.

Der Weg zum Ruhme. 601

Glücklich nenn ich den Autor, der *in der Höhe* den Beyfall
Findet, der deutsche muß *nieder* sich bücken dazu.

Tadeln ist leicht, erschaffen so schwer; ihr Tadler des Schwachen, 602
Habt ihr das Treffliche denn auch zu belohnen ein Herz?

Kinder werfen den Ballen der Wand zu und fangen ihn wieder, 643
Aber ich lobe das Spiel, wirft mir der Freund ihn zurück.

Die Sprache. 644

Warum kann der lebendige Geist dem Geist nicht erscheinen?
Spricht die Seele, so spricht ach! schon die *Seele* nicht mehr.

An den Dichter. 645

Laß die Sprache dir seyn, was der Körper den Liebenden. Er nur
Ists, der die Wesen trennt, und der die Wesen vereint.

Tabulae votivae. 646

Was der Gott mich gelehrt, was mir durchs Leben geholfen,
Häng ich dankbar und fromm hier in dem Heiligthum auf.

Lebet, ist Leben in euch, und erzählt noch dem kommenden Alter, 676
Distichen, was wir geehrt, was wir gehaßt und geliebt.

Anhang

Zu dieser Ausgabe

Die vorliegende Auswahlausgabe geht im ersten Teil auf den historischen Druck der *Xenien* in Schillers *Musen-Almanach für das Jahr 1797* zurück. Im zweiten Teil bietet sie einen Einblick in die handschriftliche Überlieferung auf der Grundlage der Edition *Xenien 1796*, vorgelegt von den beiden ersten Direktoren des Goethe- und Schiller-Archivs, Erich Schmidt und Bernhard Suphan (Weimar: Verlag der Goethe-Gesellschaft, 1893). Auf das Jahr 1893 datiert auch der 5. Band der ersten Abteilung der Weimarer Ausgabe (WA), der nach den *Zahmen Xenien* auch die *Xenien* bringt (S. 203–302). Neben diesen beiden Editionen (Schmidt/Suphan 1893 und WA I/5 1893) wurden die entsprechenden Bände der Frankfurter Ausgabe (FA) im Deutschen Klassiker Verlag (Johann Wolfgang Goethe, *Sämtliche Werke*, Bd. 1, hrsg. von Karl Eibl, Frankfurt a. M. 1987 / Berlin 2010, S. 491–614) sowie vor allem der Münchner Ausgabe (MA, Johann Wolfgang Goethe, *Sämtliche Werke*, Bd. 4.1, hrsg. von Reiner Wild, München/Wien: Hanser, 1988, S. 776–825) reflektierend mit einbezogen.

Wie in der WA, anders aber als bei Schmidt/Suphan 1893, Eibl 1987 und Wild 1988 werden in der vorliegenden Auswahlausgabe die *Xenien* aus dem *Musen-Almanach für das Jahr 1797* (Tübingen: Cotta, 1. und 2. Aufl. 1796, 3. Aufl. 1797, vgl. Abb. 1) an den Anfang gestellt. Damit schließt diese Ausgabe auch an die Tradition des Reclam Verlags an: Adolf Stern, der Herausgeber der letzten Ausgabe der *Xenien* in diesem Verlag (Universal-Bibliothek Nr. 402/403, zuerst erschienen 1871, in 2., vervollständigter und durchgesehener Auflage 1894), ist bei der Anordnung ebenfalls so vorgegangen.

So wird zunächst der Textstand präsentiert, der das zeitgenössische Publikum erreicht und lebhafte Reaktionen provoziert hat. Zugrunde gelegt wird die 3. Auflage des *Musen-Almanachs*. Die Zählung folgt Wild 1988. Anders als Eibl 1987 und Wild 1988 verzichtet die vorliegende Ausgabe bewusst weitestgehend auf Normalisierungen. Offensichtliche Fehler wurden korrigiert (z. B. 4 »Poëten« statt »Pöeten«, 187 »Müh« statt »Muh«, 188 »gemäß« statt »gemaß«).

Ergänzt wird die Auswahl aus dem *Musen-Almanach* (S. 5–44) um Xenien aus der handschriftlichen Überlieferung (S. 45–64). Dabei konzentriert sich die Ausgabe auf die sog. Sammelhandschrift (H^b), eine Reinschrift, die Goethes Schreiber Johann Ludwig Geist nach dem 27. Juni 1796 anlegte (vgl. Abb. 2). Diese Entscheidung ermöglicht die Präsentation eines stabilen Textstands und erspart die Darstellung der komplexen textgenetischen Details, die schon aus Gründen des Umfangs hier nicht möglich wäre. Die Wiedergabe der Xenien aus der Sammelhandschrift schließt an Schmidt/Suphan 1893 an. Die Sammelhandschrift selbst wurde prüfend zurate gezogen.

Mag es auf den ersten Blick verführerisch erscheinen, die aus Umfangsgründen erforderliche Auswahl zugunsten einer Revue der bekanntesten oder gelungensten Xenien zu treffen, so nimmt diese Ausgabe ihre Kürzungen auf philologischer Grundlage vor. Sie setzt auf Intensität statt Extensität. Aus dem *Musen-Almanach* bietet sie die Anfangssequenz (1–6) und den ersten längeren Abschnitt (7–67), die Nicolai-Serie (184–207) sowie den Unterwelt-Zyklus (332–414) vollständig, verzichtet (schweren Herzens) hingegen auf den »Litterarischen Zodiacus« (68–92), den Flüsse-Zyklus (97–113) sowie die Abschnitte 114–183 und 208–331. Auf diese Weise bietet die Ausgabe eine repräsentative Auswahl, wahrt (wo möglich) Zusammenhänge, zeigt exemplarisch anhand der gegen Nicolai gerichteten Xenien den stellenweise hohen Fokussierungsgrad des Xenien-Projekts und entlastet den Stellenkommentar von unverhältnismäßigem Erläuterungsbedarf.

Aus Umfangsgründen musste bei den Xenien aus der Sammelhandschrift eine noch strengere Auswahl vorgenommen werden. Auf Wiederholungen wird deshalb weitgehend verzichtet, dies auch dann, wenn Varianten vorliegen. Die Auswahl ist anhand der Zählungen nachvollziehbar; für eine weitergehende Beschäftigung sei Wild 1988 empfohlen, insbesondere die Konkordanzen S. 1133 ff. und 1172 ff. Details zur Textgenese, zur autorschaftlichen Zuordnung und zu den Lesarten sind Schmidt/Suphan 1893 zu entnehmen; empfohlen sei auch der dort gebotene ausführliche Stellenkommentar.

Auf eine systematische Edition aller Zeugnisse, die Xenien in Briefen eingeschlossen, muss die vorliegende Auswahlausgabe leider ebenso verzichten wie auf die Präsentation der ›Anti-Xenien‹ und anderer Reaktionen der Zeitgenossen. Einen historisch-kritischen Anspruch wird erst die digitale Edition der Gedichte Goethes im Rahmen der Neuen Weimarer Ausgabe (NWA) einlösen können, deren Vorbereitung 2022 beginnt.

Anmerkungen

Der Stellenkommentar muss sich auf knappe Sachinformationen beschränken, ohne die zahlreichen häufig versteckten Hinweise und Anspielungen im Detail aufschlüsseln zu können. Er gibt erste Orientierung, die bei der vertiefenden Recherche helfen sollen.

Aus dem *Musen-Almanach für das Jahr 1797*

Motto S. 8 *Triste supercilium … ite foras:* Martial, *Epigramme* XI 2,1–4 (»Finstere Augenbraue und strenge Stirn des harten Cato / und Tochter des Pflügers Fabricius / und maskierte Prüderie und sittliche Richtschnur / und alles, was wir im Dunkeln nicht sind, fort mit euch!«; Übers. Niklas Holzberg); vgl. Sammelhandschrift 4.

1 *Der ästhetische Thorschreiber:* Zensor.

3 *contrebandes:* Verbotenes, Schmuggelware.

7 *Messe:* Leipziger Messe, zu der die Xenien fahren (1–8).

10 *Desideratum:* Mangel.

13 *Für Töchter edler Herkunft:* Roman von Johann Timotheus Hermes (1787).

15 *Der Teleolog:* Teleologie: Lehre von der Zielgerichtetheit aller (natürlichen und gesellschaftlichen) Prozesse und der zweckmäßigen Ordnung.

17 *Majolika-Topf:* farbig bemalte Keramik.

18 *Erreurs et Verité:* Louis Claude de Saint-Martin, *Des erreurs et de la verité*, Freimaurerschrift, übersetzt von Matthias Claudius (1782).

19 *H. S.:* Johann Heinrich Jung-Stilling, auch Heinrich Stilling (1740–1817), Mediziner, Ökonom, Verfasser »empfindsamer« Romane.

20 *Der Prophet:* Johann Caspar Lavater (1741–1801), Theologe, Schriftsteller, Vertreter der Physiognomik.

23 *Belsatzer: Belsazer* (1788), Drama von Christian Graf von Stolberg (1748–1821).

25 *Pfarrer Cyllenius:* Johann Timotheus Hermes (1738–1821, vgl. 13), Theologe und Schriftsteller, Pseudonym: Mercurius Cyllenius.

28 *Kamtschadalisch:* Kamtschatka: Halbinsel im Nordpazifik; gegen Joseph Friedrich von Racknitz, *Darstellung und Geschichte des Geschmacks der vorzüglichsten Völker* (1796).

29 *Affiche:* Bekanntmachung, Plakat.

33 *Manso:* Johann Kaspar Friedrich Manso (1759–1826), Gymnasialdirektor in Breslau, Übersetzer und kritischer Rezensent von Schillers *Horen.*

34 *Tassos Jerusalem:* Torquato Tasso, *La Gerusalemme liberata*, übersetzt von Manso (vgl. 33).

35 *Die Kunst zu lieben: Ars amatoria* (um 2 n. Chr.), Lehrgedicht von Ovid, bearbeitet von Manso (vgl. 33).

36 *Präceptor:* der »Schulmeister« Manso (vgl. 33).

38 *Naso*: der römische Dichter Publius Ovidius Naso (43 v. Chr. – um 17 n. Chr.), von Kaiser Augustus nach Tomis, heute Constanța, am Schwarzen Meer verbannt.

40 *Caput mortuum:* »Totenkopf«, in der Alchimie ein Restprodukt.

42 *An seinen Lobredner:* Friedrich Jacobs (1764–1847), Philologe, Freund Mansos (vgl. 33).

43 *Philister:* Der alttestamentliche Held Simson jagt »Füchse mit brennenden Schwänzen« zur Vernichtung der Ernte in die Getreidefelder der feindlichen Philister (Ri 15,5).

45 *Bibliothek schöner Wissenschaften: Bibliothek der schönen Wissenschaften und der freyen Künste* (1757–65), gefolgt von der *Neuen Bibliothek der schönen Wissenschaften und der freyen Künste* (1765–1806), literarisch-philosophische Zeitschrift, begründet von Friedrich Nicolai und Moses Mendelssohn.

47 *Exercitium:* Übung.

49 *Guerre ouverte:* »Offener Krieg«, Komödie des französischen Dramenautors Dumaniant (Antoine-Jean Bourlin), bearbeitet von Ludwig Ferdinand Huber: *Offene Fehde* (1788).

51 *An die Herren N. O. P.:* gegen einzelne Rezensenten von Schillers *Horen.*

52 *Der Commissarius des jüngsten Gerichts*: bezieht sich auf die apokalyptischen Schilderungen vulkanischer Ereignisse bei Friedrich Leopold Graf von Stolberg (1750–1819), *Reise in Deutschland, der Schweiz, Italien und Sicilien* (1794).

54 *J–b:* Ludwig Heinrich Jakob (1759–1827), Philosoph und Ökonom, Kantianer.

63 *Rotüre:* Bürgerliche, Nichtadelige.

64 *Ernst:* Ernst Platner (1744–1818), Philosoph.

184–206 *Nicolai:* Friedrich Nicolai (1733–1811), Berliner Aufklärer, Verlagsbuchhändler, Kritiker, Reiseschriftsteller.

206 *Lucri bonus odor:* »Gut ist der Geruch des Gewinns« (ganz gleich, woher er stammt), nach Juvenal, *Satiren* 14,204.

332 *Manen:* in der römischen Mythologie die Geister der Unterwelt.

332 *Monodistichen:* Epigramme, bestehend aus jeweils einem Distichon; ein Distichon, wörtlich »Zweizeiler«, besteht aus einem Hexameter und einem Pentameter.

334 *Acheronta movebo:* Vergil, *Aeneis* VII,312 (»ich werde die Unterwelt in Bewegung setzen«).

334 *Reisebeschreiber:* Nicolai, vgl. 184.

335 *Sterilemque tibi Proserpina vaccam:* Vergil, *Aeneis* VI,251 (»und dir, Proserpina, eine Kuh, die noch nicht gekalbt hat«).

335 *Kunst zu lieben:* vgl. 33, 35.

336 *Elpänor:* Elpenor, Gefährte des Odysseus, stürzte vom Dach und brach sich das Genick; hier möglicherweise Forster (vgl. 347).

338 *Achilles:* griechischer Held; hier: Gotthold Ephraim Lessing (1729–1781).

341 *Nepoten:* Neffen; hier vermutlich: die Brüder August Wilhelm (1767–1845) und Friedrich Schlegel (1772–1829).

343 *Peleus:* Vater des Achilles; hier: Johann Wilhelm Ludwig Gleim (1719–1803).

344 *G* * *:* Gleim, vgl. 343.

345 *Ajax:* griechischer Held; hier: Gottfried August Bürger (1747–1794).

346 *Tantalus:* König aus der griechischen Mythologie; in der Unterwelt damit bestraft, im Anblick von Früchten und Wasser ewigen Hunger und Durst leiden zu müssen.

346 *Hippokrene:* Musenquelle, Quelle der Dichtung.

347 *Phlegyasque miserrimus omnes admonet:* Vergil, *Aeneis* VI,618 f., bezogen auf den Naturforscher, Schriftsteller und Revolutionär Johann Georg Forster (1754–1794): Der im Hades bestrafte Phlegyas, der den Apollotempel in Delphi angezündet hat, sei allen eine Warnung.

348 *Kokarde:* Abzeichen der Revolution.

349 *Agamemnon:* Anführer der Griechen im Trojanischen Krieg.

349 *drey Farben:* Trikolore, Farben der französischen Revolution (vgl. 348).

350 *Porphyrogeneta:* »Die in Purpur Geborene«, d. h. von königlichem Geblüt; hier wohl: Marie Antoinette, habsburgische Kaisertochter und Königin von Frankreich, geb. 1755, 1793 mit der Guillotine hingerichtet.

351 *Sisyphus:* in der Unterwelt damit bestraft, einen Felsen bergauf wälzen zu müssen, der immer wieder bergab rollt; hier wohl: Kaiser Joseph II. (1741–1790).

352 *Sulzer:* Johann Georg Sulzer (1720–1779), Theologe und Philosoph.

353 *Haller:* Albrecht von Haller (1708–1777), Naturforscher und Dichter.

356 *L* * *:* Lessing (vgl. 338), dessen Bruder Karl Gotthelf Lessing seine Schriften herausgab.

357 *Dioscuren:* die Brüder Stolberg (vgl. 23, 52).

358 *Freund:* Karl Wilhelm Ramler (1725–1798), Berliner Dichter der Aufklärung.

360 *Peregrinus Proteus:* griechischer Philosoph, der sich selbst verbrannte; Figur in Wielands gleichnamigem Roman (1791).

361 *Lucian von Samosata:* griechischer Satiriker (2. Jh. n. Chr.), von Wieland übersetzt.

363 *Alcibiades:* athenischer Politiker und Redner (um 450 – 404 v. Chr.).

364 *Martial:* römischer Dichter (40–103/104 n. Chr.); das 13. Buch seiner *Epigramme* führt den Titel »Xenia«, ›Gastgeschenke‹.

366 *Rhapsoden:* fahrende Sänger; 366–370 beziehen sich auf die Kontroverse um Friedrich Augusts Wolfs *Prolegomena* (1795), in denen die Autorschaft Homers und die Einheit der homerischen Epen in Frage gestellt werden.

367 *Ida:* Gebirge, Schauplatz der homerischen Epen, in der heutigen Türkei.

370 *Astyanax:* Sohn der Andromache und des Hektor.

374 *Cogito ergo sum:* erster Grundsatz aus René Descartes (1596–1650), *Meditationes de prima philosophia* (1641): »Ich denke, also bin ich.«

376 *Ein zweyter:* Baruch de Spinoza (1632–1677).

377 *Ein dritter:* George Berkeley (1685–1753).

378 *Ein vierter:* Gottfried Wilhelm Leibniz (1646–1716).

379 *Ein fünfter:* Immanuel Kant (1724–1804).

380 *Ein sechster:* Johann Gottlieb Fichte (1762–1814).

381 *Ein siebenter:* Carl Leonhard Reinhold (1757–1823), Philosoph, Kantianer.

383 *Ein achter:* Carl Christian Erhard Schmid (1761–1812), Philosoph, Kantianer, Gegner Reinholds (vgl. 381) und Fichtes (vgl. 380).

387 *Puffendorf:* Samuel von Pufendorf (1632–1694), Rechtsphilosoph, Vertreter der Naturrechtslehre.

387 *Erste Possession:* erste Besitznahme.

389 *Decisum:* Entscheidung, Richterspruch; gegen Kants Moralphilosophie.

390 *Hercules:* Held aus der griechischen Mythologie; hier: William Shakespeare (1564–1616).

391 *Heracliden:* Nachfahren des Hercules.

394 *Tiresias:* blinder Seher der griechischen Mythologie.

399 *schwarze Affekt:* Melancholie.

401 *Thalia:* Muse der komischen Dichtung.

401 *Melpomene:* Muse der tragischen Dichtung.

406 *Kabale:* Intrige.

408 *Grillen:* sonderbare Gedanken.

413 *Gorgona:* Gorgonen: schreckliche Gestalten der griechischen Mythologie; wer sie ansieht, erstarrt zu Stein.

413 *Haschka:* Lorenz Leopold Haschka (1749–1827), österreichischer Dichter, Verfasser der Kaiserhymne.

414 *Freyer:* Odysseus tötet nach seiner Heimkehr die Freier, die in seinem Palast seine treue Gattin belagern, mit Pfeil und Bogen.

Aus der Sammelhandschrift

1 *Apoll:* Gott der Dichtkunst, mit der Leier oder als Bogenschütze dargestellt (vgl. Musen-Almanach 414).

2 *Monodistichon:* Vgl. Musen-Almanach 332.

2 *Musageten:* Musagetes (›Musenführer‹), Beiname des Apoll (vgl. 1).

4 *Martial:* vgl. Musen-Almanach 364.

72 *Zum ewigen Frieden:* Immanuel Kant, *Zum ewigen Frieden* (1795).

91 *Majestas populi:* »Majestät/Hoheit des Volkes«.

168 *delphische Gott:* Apollon, der Gott des Orakels von Delphi.

277 *Apolog:* Fabel und deren Lehre.

277–281 *Fuchs:* vgl. Aesops Fabel *Der Fuchs und der Storch.*

523 *Hexameter:* Versmaß der epischen Dichtung; erster Vers im Distichon.

525 *Ottave rime:* italienische Strophenform mit acht Versen, Stanze.

526 *Alexandriner:* französischer sechshebiger jambischer Reimvers, Zäsur nach der dritten Hebung; in der deutschen Barockdichtung verwendet.

541–543 *Tod:* Gotthold Ephraim Lessing, *Wie die Alten den Tod gebildet* (1769).

596 *E. v. B. –:* Emilie von Berlepsch (1755–1830), Schriftstellerin und Frauenrechtlerin.

646 *Tabulae votivae:* Weihegeschenke aus Dankbarkeit.

Nachwort

Das Bild, das sich die Nachwelt von Goethe und Schiller gemacht hat, ist erstaunlich stabil. Gewiss hat die Literaturwissenschaft in den vergangenen rund 150 Jahren viel dazu beigetragen, dieses Bild zu differenzieren und in Teilen zu revidieren, doch die allgemeine Vorstellung von Goethe und Schiller entspricht auch heute noch weitgehend der des mittleren 19. Jahrhunderts, wie sie in Ernst Rietschels Weimarer Goethe- und Schiller-Denkmal von 1857 gewissermaßen bronzene Gestalt angenommen hat: Goethe und Schiller, der Realist und der Idealist, zwei polare Gegensätze aufgehoben in einer höheren Einheit, die man Weimarer Klassik zu nennen sich gewöhnt hat. Doch dieses Bild zeigt eben nur einen Teil der Wahrheit, der noch dazu erheblich stilisiert ist.

Das Bild, das sich die Zeitgenossen von Goethe und Schiller gemacht haben, sah jedenfalls gänzlich anders aus. Aufschlussreich ist in diesem Zusammenhang das Titelkupfer einer heute in Vergessenheit geratenen Publikation: der *Trogalien zur Verdauung der Xenien*, die ein ebenso vergessener Autor namens Fürchtegott Christian Fulda 1797 in Halle auf den Markt brachte (vgl. Abb. 3). Dieses Titelkupfer zeigt eine außergewöhnliche Szene: eine größere Zahl von obskuren, auffällig missgebildeten kleinen Gestalten, die, teilweise Narrenkappen und -patschen tragend und zum Teil bewaffnet mit Knüppeln, Mistgabeln und Speeren, auf ein Stadttor zulaufen, wo sie von einem Torwächter aufgehalten werden. Bei diesen Gestalten scheint es sich um Freischärler oder marodierende Soldaten zu handeln; auch an die im Zuge der *levée en masse* rekrutierte, anfangs so schlecht ausgerüstete wie ausgebildete französische Revolutionsarmee könnte man denken. In jedem Fall sind einige aus dem Trupp gerade dabei, eine Stele mit der Aufschrift »Anstand«, »Sittlichkeit« und »Gerechtigkeit« umzustoßen.

Zwei Figuren stechen heraus unter den anderen, schon allein wegen ihrer Größe: ein bocksbeiniger, sich beim Hochhalten eines Schriftbandes seltsam verrenkender Satyr und ein schlapphuttragender Mann in schweren Stiefeln, in der einen Hand eine Peitsche, in der anderen eine halb geleerte Schnapsflasche. Offenbar sind sie die Anführer jenes Trupps, und allem Anschein nach führen sie einen revolutionären Umsturz im Schilde: einen Staatsstreich vielleicht, sicher jedoch – das zeigt die zum Stürzen gebrachte Stele – einen Umsturz der Werte. Das aber heißt, dass Goethe und Schiller – denn um nieman-

„Himmel! was Komt da für ein Gesindel? – Halt, Passagiere! –
Keiner passiret mir durch, eh' er den Pass mir gezeigt.“

Abb. 3. [Fürchtegott Christian Fulda]: Trogalien zur Verdauung der Xenien. Kochstädt [Halle]: zu finden in der Speisekammer [Renger], 1797. Titelkupfer

den sonst handelt es sich bei diesen beiden Figuren – damals noch nicht als in jeder Hinsicht vorbildliche Klassiker gesehen wurden, sondern im Gegenteil: als gefährliche Individuen, die eine Bedrohung für die öffentliche Ordnung darstellten. – Wie konnte es dazu kommen?

Der Grund dafür sind die *Xenien*, die heute wahrscheinlich zu den unbekanntesten Texten Goethes und Schillers gehören. 1797 war jedoch das genaue Gegenteil der Fall: Damals waren die *Xenien* das alles beherrschende Thema, und das im gesamten deutschsprachigen Raum. In den Worten eines Zeitgenossen:

> »Ich erinnere mich jener Zeit noch sehr genau, und darf, der völligen Wahrheit gemäß, erzählen, daß vom November 1796 bis etwa Ostern 1797 das Interesse für die Xenien in den gebildeten Ständen bei Lesern und auch bei sonstigen Nichtlesern auf eine Weise herrschte, die alles andere Literarische überwältigte und verschlang. Es war als erschölle nicht nur auf dem deutschen Parnasse, sondern durch das ganze, auf Bildung Anspruch machende Deutschland ein furchtbarer Feuerruf, Trommelschlag, Schwertergeklirr usw., und selbst unschuldige Seelen, die kein Wasser trüben und sonst nur lesen, um die Zeit zu vertreiben [...] wurden entweder erhitzt oder ängstlich [...].«

Die Geschichte dieses Skandals, der als ›Xenien-Streit‹ in die Literaturgeschichte eingegangen ist, ist vielschichtig und voraussetzungsreich. Als Ausgangspunkt bietet sich der Brief an, mit dem Schiller Goethe dazu einlud, an seinem neuesten Projekt mitzuarbeiten: einer höchst ambitionierten Zeitschrift mit dem Titel *Die Horen*, die – wie es in der Ankündigung heißt – ganz dem gewidmet sein sollte, »was *rein menschlich* und über allen Einfluß der Zeiten erhaben ist«, um auf diese Weise die Gegenwart »wieder in Freiheit zu setzen und die politisch geteilte Welt unter der Fahne der Wahrheit und Schönheit wieder zu vereinigen.« Dem Brief waren verschiedene Begegnungen Goethes und Schillers in Jena und anderswo vorausgegangen, bei denen die beiden sich allerdings schon aus sozialen Gründen nicht auf Augenhöhe begegnen konnten. Mit Schillers Einladungsbrief vom 13. Juni 1794 – einem Glanzstück epistolographischer Rhetorik – veränderte sich das. Er kann deshalb als Beginn der Freundschaft zwischen Goethe und Schiller gesehen werden und als erster Schritt in Richtung einer literarischen Kooperation, die in den folgenden Monaten und Jahren immer intensiver und produktiver werden und schließlich zu der Epoche der deutschen Literatur führen sollte, die bis heute Weimarer Klassik genannt wird. Die *Xenien* haben dabei eine entscheidende Rolle gespielt.

Doch der Reihe nach. Nachdem Goethe Schillers Einladung in einem auffällig zugewandten Ton angenommen hatte, konnten 1795 die ersten Hefte der *Horen* mit gewichtigen Beiträgen des Herausgebers Schillers und seines neu gewonnenen Mitarbeiters Goethe erscheinen. Auch heute stehen diese Beiträge noch im Zentrum des Kanons der deutschen Literatur: Schillers *Über die ästhetische Erziehung des Menschen in einer Reihe von Briefen* und Goethes *Unterhaltungen deutscher Ausgewanderten*, auch *Über naive und sentimentalische Dichtung* und die *Römischen Elegien* erschienen zuerst in den *Horen*. Hinzu kamen Beiträge von Autoren, die Goethe und Schiller nahestanden, darunter Herder, August Wilhelm Schlegel und Johann Heinrich Voß. Zunächst verlief alles nach Plan: Literaturkritik wie allgemeines Publikum ließen es nicht an Interesse und Respekt für die neue Zeitschrift fehlen, auch die Verkaufszahlen waren nicht schlecht. Der Herausgeber der *Horen* und sein prominentester Mitarbeiter konnten also zufrieden sein.

Doch dabei blieb es nicht. Das Publikum zeigte sich bald von dem durchgängig hohen Anspruch der Zeitschrift überfordert, und in der Literaturkritik wurde der Vorwurf des Elitarismus erhoben. Die Verkaufszahlen gingen zurück. In der Folge schlug auch bei Schiller die Stimmung um: Seine anfängliche Euphorie wurde zu Enttäuschung und schließlich zu Wut. Zunächst entlud sie sich in seinen Briefen an Goethe, deren Ton im Hinblick auf Publikum und Literaturkritik immer schärfer wurde. Am 1. November 1795 schrieb Schiller etwa: »Wir leben jetzt recht in Zeiten der Fehde. Es ist eine wahre Ecclesia militans – die Horen meine ich. Außer den Völkern, die Herr Jacob in Halle kommandiert und die Herr Manso in der Biblioth[ek] d[er] S[chönen] W[issenschaften] hat ausrücken lassen, und außer Wolfs schwerer Kavallerie haben wir auch nächstens vom Berliner Nicolai einen derben Angriff zu erwarten.« Die Kriegsmetaphorik ist bezeichnend: Offenbar hatte Schiller den Eindruck, von allen Seiten attackiert zu werden, sich verteidigen und somit Krieg führen zu müssen. Wenn man sich vor Augen führt, dass auf den Schlachtfeldern Europas damals der Erste Koalitionskrieg und also ein ganz realer Krieg ausgefochten wurde, wird deutlich, dass auch dieser bevorstehende Krieg auf dem Feld der Literatur keine ganz harmlose Sache werden konnte. Ebenso bezeichnend ist das ›Wir‹, von dem Schiller spricht: Offenbar wuchs mit dem Gefühl des Angegriffen-Werdens bei ihm der Wunsch, sich mit Goethe zusammenzuschließen und gemeinsam mit ihm zurückzuschlagen – je stärker der Gegenwind wurde, desto mehr. Und auch Goethe wurde angriffslustiger. So fragte er etwa in seinem Brief vom 21. November: »Haben Sie schon die abscheuliche Vorrede Stolbergs zu seinen platonischen Gesprächen gelesen? Die Blößen, die er sich darinne gibt sind so abgeschmackt und unleidlich, daß ich große Lust habe drein zu fahren und ihn zu züchtigen. Es ist sehr leicht die unsinnige Unbilligkeit dieses bornierten Volks anschaulich zu machen, man hat dabei das vernünftige Publikum auf seiner Seite und es gibt eine Art

Kriegserklärung gegen die Halbheit, die wir nun in allen Fächern beunruhigen müssen.« Goethe griff in diesem Zusammenhang also ebenfalls auf Kriegsmetaphern zurück, und die anderen von ihm verwendeten Wörter (›dreinfahren‹, ›züchtigen‹, ›beunruhigen‹) sind nicht weniger aggressiv. Streit lag in der Luft.

In dieser Situation hatte Goethe den Einfall, satirische Epigramme »auf alle Zeitschriften« zu verfassen, und zwar »jedes in einem einzigen Disticho, [...] wie die Xenia des Martials sind«. Damit spielte er an auf das 13. Epigrammbuch des für seinen Witz und die Schärfe seiner Satire bekannten römischen Epigrammatikers Martial. Dieses Buch trägt den Titel *Xenia* (›Gastgeschenke‹) und enthält 127 Monodistichen (einzelne Zweizeiler in Form von Hexameter und Pentameter), die als komische Begleitverse für Gastgeschenke verschiedener Art gedacht sind beziehungsweise, bei Geldmangel, auch als Ersatz für diese. Von Anfang an führten Goethe und Schiller bei diesem Projekt demnach einen intertextuellen Dialog mit dem antiken Klassiker des Epigramms – und dieser Dialog wurde zunehmend zu einem Wettkampf, bei dem es nicht zuletzt um die Schärfe der Satire ging. Von Anfang an war aber klar, dass der Begriff ›Xenien‹ ironisch gemeint war, denn um Gastgeschenke im eigentlichen Sinn handelt sich bei den Epigrammen Goethes und Schillers noch weniger als bei denen Martials. Dies wird auch zum Thema eines Epigramms, das Martial in den Mund gelegt ist, der von der Schärfe der neuen Xenien überrascht ist: »Xenien nennet ihr euch? Ihr gebt euch für Küchenpräsente? / Ißt man denn, mit Vergunst, spanischen Pfeffer bey euch?« Die Antwort, die ihm darauf gegeben wird, ist durchaus schlagfertig: »Nicht doch! Aber es schwächten die vielen wäßrigten Speisen / So den Magen, daß jetzt Pfeffer und Wermuth nur hilft.« Schuld an der Schärfe – hieß das – waren die anderen.

Schiller scheint das Potenzial dieser Idee sofort gesehen zu haben und reagierte entsprechend begeistert: »Der Gedanke mit den Xenien ist prächtig und muss ausgeführt werden.« Zugleich weitete er den Gegenstand aus: »Ich denke aber, wenn wir das hundert voll machen wollen, werden wir auch über einzelne Werke herfallen müssen, und welcher reichliche Stoff findet sich da!«

Von jetzt an gab es kein Halten mehr. »[N]ulla dies sine Epigrammate« (Kein Tag ohne Epigramm) lautete die von Schiller ausgegebene Losung. Fortan dichteten Goethe und er quasi um die Wette. Und sie spielten sich die Bälle zu. So schickte Schiller etwa am 22. Januar 1796 »eine kleine Lieferung von Epigrammen« an Goethe (Abb. 4), darunter das folgende, das auf Klopstock gemünzt ist:

An einen gewissen moralischen Dichter

Ja, der Mensch ist ein elender Wicht, ich weiß – doch das wollt ich
Eben vergessen und kam, ach wie gereut michs! zu dir.

Goethe wurde von der Boshaftigkeit dieses Epigramms allem Anschein nach so inspiriert, dass er – offenbar kurz nach der Lektüre von Schillers Brief – ein weiteres direkt auf den Brief schrieb (vgl. Abb. 4):

Freiheit

Freiheit ist ein herrlicher Schmuck. Doch steht er, wir sehen's,
Jeglicher Menge so schlecht, als nur das Halsband dem Schwein.

Im Hinblick auf die Drastik der darin formulierten Kritik ist das Epigramm Goethes dem Schillers sogar noch überlegen –

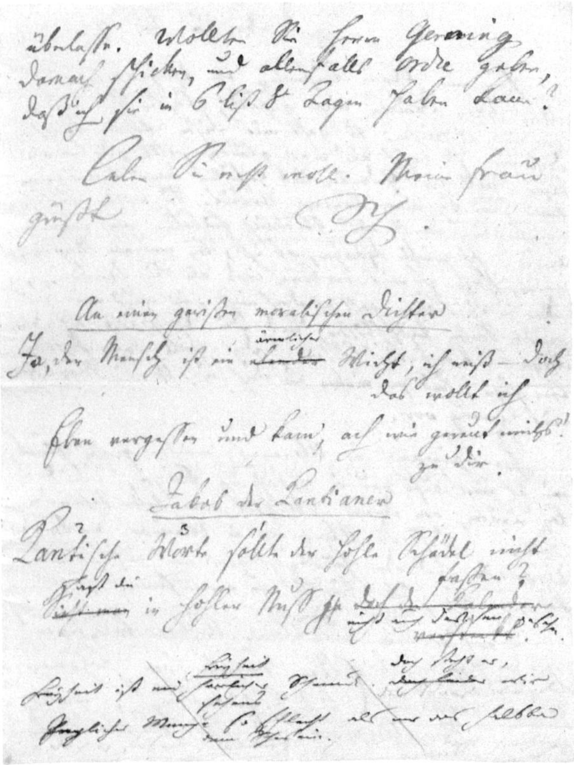

Abb. 4. Friedrich Schiller an Johann Wolfgang Goethe, 22. Januar 1796

und es zeigt, dass es längst nicht mehr nur um literarische Themen ging. Vielmehr fand alles Eingang in die Epigramme, was damals den Unmut der beiden erregte – und das war viel, von den Ereignissen im Zusammenhang mit der Französischen Revolution bis hin zu den neuesten Entwicklungen in der Philosophie und in anderen wissenschaftlichen Disziplinen.

Man kann den Eindruck gewinnen, dass Goethe und Schiller nie enger zusammengearbeitet haben als in dieser Phase. Bei manchen Epigrammen ist es sogar bis heute fraglich, von wem sie stammen oder wer welchen Anteil daran hat. Und das war wohlkalkuliert, wie aus einem Brief Schillers an Wilhelm von Humboldt hervorgeht: »Göthe und ich werden uns darinn [in den Xenien] absichtlich so ineinander verschränken, daß uns niemand ganz auseinander scheiden und absondern soll.« Auch dies wurde zum Thema eines Epigramms: »Wem die Verse gehören? Ihr werdet es schwerlich erraten. / Sondert, wenn ihr nun könnt, o Chorizonten, auch hier.« Damit war ein hoher Anspruch formuliert – denn der Begriff der »Chorizonten« spielt ironisch an auf die zeitgenössischen Homerforscher, die die These vertraten, *Ilias* und *Odyssee* seien in Wahrheit von mehreren Autoren geschrieben worden. Goethe und Schiller stellten sich damit auf eine Stufe mit Homer, dem literarischen Klassiker schlechthin.

Insgesamt entstanden zwischen Dezember 1795 und September 1796 auf diese Weise fast 1000 Epigramme beziehungsweise genauer: Monodistichen, »wie die Xenia des Martials sind«, allerdings eben fast zehnmal so viele wie bei diesem. Und auch sonst unterscheiden sich die Epigramme Goethes und Schillers in vieler Hinsicht von denen Martials, zumal in ihrer Aggressivität, die in der Geschichte des deutschen Epigramms bis dahin ohne Beispiel war. In jedem Fall kann die Sammlung als der bisher letzte Höhepunkt in der 3000-jährigen, bis an die Anfänge der europäischen Literatur zurückreichenden Gattungsgeschichte des Epigramms gelten: Eine vergleichbare Sammlung von Epigrammen, die denen Martials ebenbürtig und dennoch eigenständig sind, ist seitdem nicht mehr geschrieben worden. Am vollständigsten wird sie greifbar in der sogenannten Sammelhandschrift, die Goethes Schreiber Johann Ludwig Geist nach dem 27. Juni 1796 anlegte und in der fast alle bis zu diesem Zeitpunkt entstandenen Epigramme vereinigt sind – ein Schatz sondergleichen, der im Goethe- und Schiller-Archiv in Weimar verwahrt wird.

Schon allein wegen des großen Umfangs der Sammlung war an eine vollständige Veröffentlichung damals jedoch nicht zu denken. Für die Publikation in dem von ihm herausgegebenen *Musen-Almanach*, einem populären, einmal im Jahr erscheinenden Medium mit einer großen Reichweite (viel größer als die der *Horen*), begann Schiller entsprechend, eine Auswahl zu treffen und zu verschiedenen kleineren Komplexen zusammenzustellen, darunter die erotischen Kurzzyklen *Vielen* und *Einer* sowie die *Tabulae Votivae*, ein Zyklus von 103 Epigrammen verschiedenen Inhalts. Den größten Teilkomplex innerhalb der Sammlung bilden jedoch die satirischen Epigramme. 414 stellte er gemeinsam mit Goethe zu einem Zyklus zusammen, der unter dem Titel *Xenien* anonym im *Musen-Almanach auf das Jahr 1797* veröffentlicht wurde. Dieser Text ist das Herzstück des gesamten Xenien-Komplexes, und er war es, der nach der Publikation des *Musen-Almanachs* im September 1796 den Skandal auslöste, der die literarische Welt in den folgenden Monaten in Atem halten sollte.

Folgendermaßen hatte Schiller die *Xenien* in der *Allgemeinen Literatur-Zeitung* angekündigt:

»Ausser etwa 200 Seiten Gedichte von mehreren berühmten Verfassern, die schon an dem M. Almanach des vergangenen Jahrs den größten Antheil gehabt haben, enthält derselbe noch einen Anhang von mehr als 400 Epigrammen, die sich auf den neuesten Zustand der deutschen Litteratur beziehen, und eine in ihrer Art ganz neue Erscheinung sind.«

Mit dem »Anhang« wurde dem Publikum also etwas Neues, noch nie Dagewesenes versprochen. Und das war nicht nur Rhetorik: Die *Xenien* weisen tatsächlich innovative Züge auf, was mit der ihnen zugrunde liegenden Poetik zusammenhängt, die man als eine Poetik der Grenzüberschreitung bezeichnen kann. Sie kommt bereits in der ungewöhnlichen Menge von »mehr als 400 Epigrammen« zum Ausdruck – eine in der Gattungsgeschichte ungewöhnlich große Zahl von Epigrammen innerhalb eines Zyklus (bei Martial sind 100 Epigramme die Regel). Neben dem Umfang ist die Tatsache zu nennen, dass die *Xenien* dem *Musen-Almanach* als »Anhang« beigefügt wurden – auch hier wurde also in einem ganz wörtlichen Sinn eine Grenze überschritten.

Vor allem aber zeigt sich die Poetik der Grenzüberschreitung in den Texten selbst. Am Beginn des Zyklus lässt sich das gut veranschaulichen, denn hier wird im Dialog der »Xenien« mit dem »ästhetische[n] Thorschreiber« eine Grenzüberschreitung nicht nur auf der Ebene des Dargestellten thematisiert – »Sperre du immer, wir ziehn über den Schlagbaum hinweg« –, sie wird zugleich auch auf der Ebene der Darstellung praktiziert. Inwiefern? Hier ist eine ganze Reihe von Punkten zu nennen. Zuerst ist darauf hinzuweisen, dass bereits im ersten Vers – »Halt Passagiere! Wer seyd ihr?« – ein Topos der Epigrammtradition auf markante Weise abgewandelt wird. Seit den Anfängen der Gattungsgeschichte beginnen viele Epigramme mit der Aufforderung an den Leser, die Leserin, stehenzubleiben: »Sta viator!« – »Wanderer steh!« Die Ubiquität dieses Topos in der Gattungstradition hat damit zu tun, dass Epigramme ursprünglich Aufschriften auf Grabsteinen und also wirklich an

Wanderer gerichtet waren. Dieser Topos wird zu Beginn der *Xenien* aber nun eben verändert: Hier ist es der »ästhetische Thorschreiber«, der nicht die Leserin, den Leser auffordert, stehenzubleiben, sondern die »Xenien« – also die Epigramme selbst, die hier auf so paradoxe wie witzige Weise als menschliche Figuren in Erscheinung treten. Darüber hinaus – und damit wird auch die Grenze der Gattung Epigramm überschritten – erscheinen diese Figuren als Teil einer quasi-dramatischen Szene, die sich, wie sich später herausstellen wird, an einem Stadttor Leipzigs abspielt. Denn in Leipzig hat der Fiktion nach gerade die Buchmesse begonnen, und die »Xenien« wollen sie besuchen, um dort die neuesten Produkte ihrer Kollegen zu begutachten. Dass sie dabei kein Pardon geben werden, geht aus ihrer Antwort an den »Mann mit dem Klingelbeutel« hervor, der sie um ein Almosen gebeten hatte: »Geben nichts. Kutscher fahr zu.« Programmatisch wird am Beginn des Zyklus demnach eine weitreichende Transformation der Gattungstradition vollzogen – und im weiteren Verlauf des Textes wird dieses Programm auch immer wieder umgesetzt, am markantesten am Ende des Zyklus, auf das noch zurückzukommen sein wird.

Grenzüberschreitungen finden sich in den Texten aber noch mehr, etwa in metrischer Hinsicht. Das Distichon ist eine Form mit strengen Regeln – doch Goethe und Schiller erlauben sich immer wieder Abweichungen davon, was allerdings nicht auf ihr Unvermögen zurückzuführen, sondern als bewusste Normverletzung beziehungsweise eben Grenzüberschreitung aufzufassen ist. Indem die »Xenien« zu Beginn sagen (und damit auf ihre Zweiversigkeit Bezug nehmen) »Wir führen nicht mehr als zwey Taschen / Tragen« wird auch dies programmatisch markiert, und zwar durch das starke Enjambement, das die Grenze zwischen Hexameter und Pentameter auf eine Weise überspielt, die für konservative Metriker damals schwer zu ertragen gewesen sein dürfte.

Entscheidend ist jedoch die Grenzüberschreitung im Hinblick auf die Form der Satire. Die *Xenien* sind ganz ausdrücklich nicht mehr dem alten satirischen Grundsatz verpflichtet, zwar die Laster zu kritisieren, die Personen aber zu schonen, in der klassischen Formel Martials: »parcere personis, dicere de vitiis«. Dieser Grundsatz wird in den *Xenien* auf den Kopf gestellt, indem vielfach – und oft schon in den Titeln – die Namen der jeweils Angegriffenen explizit genannt werden. Dadurch wurden die *Xenien* aber zu einem Pasquill, einer Schmähschrift. Und genau das war für viele Zeitgenossen der Stein des Anstoßes – und dies durchaus zu Recht. Auch diese Provokation hatten Goethe und Schiller genau kalkuliert, wobei ihnen bewusst war, dass sie sich nahe an der Grenze zur Justiziabilität bewegten und diese manchmal auch überschritten: »Überhaupt wird mich beim Durchgehen der übrigen [Xenien]« – so Goethe an Schiller am 10. Juni 1796 –, »im allgemeinen, der Gedanke leiten, daß wir, bei aller Bitterkeit uns vor kriminellen Inkulpationen hüten.« Schiller antwortete ihm darauf: »Ich bin auch sehr dafür, daß wir nichts kriminelles berühren [...]. Sind doch die Musen keine Scharfrichter! Aber schenken wollen wir den Herren auch nichts.« In der Tat: Geschenkt wurde niemandem etwas in den *Xenien*, vielmehr nahmen sich Goethe und Schiller Ungerechtigkeiten und auch Geschmacklosigkeiten aller Art heraus. Dabei kommen stellenweise Züge an ihnen zum Vorschein, die nicht nur aus heutiger Sicht problematisch wirken: Demokratie- und Frauenfeindlichkeit etwa, ganz zu schweigen von übertriebener Autoreneitelkeit und einem Superioritätsgefühl, das nicht immer in der Sache gedeckt ist.

Zu einer weiteren, gleich mehrfachen Grenzüberschreitung kommt es dann am Ende des Zyklus. Zunächst ist es hier die Grenze zur Unterwelt, die überschritten wird: »Muse, wo führst du uns hin? Was, gar zu den Manen hinunter?« Überschritten wird außerdem wiederum die Grenze des Epigramms, indem – ähnlich wie schon am Beginn, doch stark ausgeweitet – die Epigramme in ihrer Abfolge eine quasi-dramatische Szene bilden: mit einem Schauplatz (der Unterwelt), Figuren (den »Xenien« selbst und vielen weiteren mythologischen, historischen und literarischen Figuren) und mit einer Handlung (die dem Abstieg des Odysseus in die Unterwelt folgt, von dem im 11. Buch der *Odyssee* erzählt wird). Schiller selbst hat hier von einer »Komödie in Epigrammen« gesprochen – und diese Formulierung trifft den Charakter dieses furiosen Finales genau. Stellenweise fühlt man sich bei der Lektüre in ein Boulevardtheater versetzt – das Stück, das dort gegeben wird, ist allerdings im höchsten Maße artistisch, artifiziell und selbstreflexiv, zudem hochgradig intertextuell vernetzt. Viele Epigramme haben mehrere, sowohl antike als auch moderne Prätexte. Das zeigt sich etwa, wenn die »Xenien« in der Unterwelt auf Martial treffen oder auf »den jungen Werther«, der dort auf den Tod Friedrich Nicolais wartet, einen aufklärerischen Literaturkritiker, der damals zu den größten Kritikern der *Horen* zählte und schon 20 Jahre zuvor *Die Leiden des jungen Werthers* in einem Roman mit dem Titel *Freuden des jungen Werthers* parodiert hatte. Das wurde ihm nun vergolten, wenn die »Xenien« »den jungen Werther« fragen: »›Worauf lauerst du hier?‹«, und er ihnen antwortet: »Ich erwarte den dummen Gesellen, / Der sich so abgeschmackt über mein Leiden gefreut.« Man kann dies ebenfalls »abgeschmackt« finden – Nicolai war damals schon ein alter Mann –, aber witzig ist es auch. Goethe und Schiller zeigten hier zum Abschluss noch einmal ihre ganze *vis comica*, ihr ganzes Können – und im allerletzten Epigramm forderten sie ihre Kollegen auf, es ihnen gleichzutun: »Alles war nur ein Spiel! Ihr Freyer lebt ja noch alle, / Hier ist der Bogen und hier ist zu den Ringen der Platz.«

In welchem Ausmaß diese Aufforderung gehört werden würde, konnten sie damals nicht ahnen. Dass die deutschsprachige literarische Welt skandalisiert sein, dass ein Sturm der Entrüstung losbrechen würde – das alles war abzusehen und ja auch so vorgesehen gewesen, nicht jedoch, dass viele der in den *Xenien* Angegriffenen zu derselben Waffe wie Goethe und Schiller greifen und sich mit Xenien zur Wehr setzen würden, und erst recht nicht, dass sich das Xenion als eine neue Form literarischen Streitens in der deutschen Literatur etablieren und bis in das 21. Jahrhundert aktuell bleiben würde. Am stärksten waren jedoch die ersten Reaktionen: Die eingangs erwähnten *Trogalien* (›Süßspeisen‹) *zur Verdauung der Xenien* sind nur ein Beispiel für sogenannte Anti-Xenien, die damals in einer erstaunlich großen Zahl entstanden und mit denen die Opfer der *Xenien* es deren Verfassern heimzahlen wollten. So erklärt sich auch das Titelkupfer der *Trogalien*, dem eine Parodie des ersten Xenions zugrunde liegt und auf dem alles, was in den Augen Fuldas kritikwürdig war an den *Xenien* – und das war im Grunde alles –, in satirischer Überspitzung visualisiert wird: angefangen von den Verstößen gegen die Metrik (auf sie deutet die Missbildung der kleinen Gestalten hin) über ihre Grobheit (die durch die bäuerlichen Waffen angezeigt wird) bis hin zu ihrem Anschlag auf die Werte der bürgerlich-christlichen Welt (wie es im Umstürzen der Stele erkennbar ist). Und, nicht zuletzt, eben auch Goethe und Schiller, deren Aggressivität und ästhetische Unzurechnungsfähigkeit durch die Peitsche und die halb leere Schnapsflasche – ein ordinärer Alkoholrausch tritt hier an die Stelle des *furor poeticus* – zum Ausdruck gebracht wird.

Während sich die literarische Welt derart in Aufruhr befand, verhielten Goethe und Schiller sich still, beobachteten die Reaktionen – und begannen sich anderen Projekten zuzuwenden. »Das Angenehmste, was Sie mir aber melden können« – so Goethe an Schiller am 15. November 1796 –, »ist Ihre Beharrlichkeit an Wallenstein und Ihr Glaube an die Möglichkeit einer

Vollendung; denn nach dem tollen Wagestück mit den Xenien müssen wir uns bloß großer und würdiger Kunstwerke befleißigen und unsere proteische Natur, zu Beschämung aller Gegner, in die Gestalten des Edlen und Guten umwandeln.« Aus dem Xenien-Streit gingen die beiden also gestärkt hervor: Von nun an bildeten sie eine neue, starke Partei auf dem Feld der Literatur, mit der eine Auseinandersetzung zu führen man sich besser gut vorher überlegte.

Das »tolle Wagestück mit den Xenien« aber geriet langsam in den Hintergrund, zum einen, weil eine unvergleichliche Serie von Meisterwerken Goethes und Schillers die Erinnerung daran verdrängte, und zum anderen, weil die beiden es fortan tunlichst vermieden, sich über die *Xenien* zu äußern. Keiner nahm sie auch vollständig in seine Werkausgaben auf. Die Literaturgeschichtsschreibung ist dieser Vertuschungsstrategie später gefolgt, da sie lange Zeit Schwierigkeiten damit hatte, die *Xenien* in ihr Bild der Weimarer Klassik zu integrieren. Doch sie gehören untrennbar dazu: Ohne die Berücksichtigung der »klassischen Frechheit« der *Xenien*, von der Friedrich Schlegel – selbst eines der Opfer dieses Textes – so treffend gesprochen hat, bliebe das Bild von Goethe und Schiller unvollständig.

Literaturhinweise

Editionen

Xenien 1796. Nach den Handschriften des Goethe- und Schiller-Archivs hrsg. von Erich Schmidt und Bernhard Suphan. Weimar: Verlag der Goethe-Gesellschaft, 1893.

Xenien. In: Goethes Werke. Hrsg. im Auftrage der Großherzogin Sophie von Sachsen. Bd. I/5. Weimar: Böhlau, 1893. S. 203–302.

Xenien. In: Johann Wolfgang Goethe: Sämtliche Werke. Bd. 1: Gedichte. 1756–1799. Hrsg. von Karl Eibl. Frankfurt a. M.: Deutscher Klassiker Verlag, 1987. [Berlin: Deutscher Klassiker Verlag, 2010.] S. 491–614.

Xenien. In: Johann Wolfgang Goethe: Sämtliche Werke. Bd. 4.1: Wirkungen der Französischen Revolution. 1791–1797. Hrsg. von Reiner Wild. München/Wien: Hanser, 1988. S. 776–825.

Schillers Werke. Nationalausgabe. Weimar: Böhlau, 1943 ff.

Bd. 1: Gedichte in der Reihenfolge ihres Erscheinens. 1796–1799. Text. Hrsg. von Julius Petersen und Friedrich Beißner. 1943. [Unveränd. Nachdr. 1992.] S. 309–360.

Bd. 2,I: Gedichte in der Reihenfolge ihres Erscheinens. 1799–1805 – der geplanten Ausgabe letzter Hand (Prachtausgabe). Text. Hrsg. von Norbert Oellers. 1983. S. 74–93.

Bd. 2,II A: Gedichte. Anmerkungen zu Bd. 1. Hrsg. von Georg Kurscheidt und Norbert Oellers. 1991.

Bd. 2,II B: Gedichte. Anmerkungen zu Bd. 2,I. Hrsg. von Georg Kurscheidt und Norbert Oellers. 1993.

Forschung

Frieder von Ammon: Ungastliche Gaben. Die Xenien Goethes und Schillers und ihre literarische Rezeption von 1796 bis in die Gegenwart. Tübingen: Niemeyer, 2005. (Untersuchungen zur deutschen Literaturgeschichte. 123.)

Matthew Bell: Anonymität und Autorschaft in den Xenien. In: Goethe-Jahrbuch 122 (2005) S. 92–106.

Bernd Leistner: Der Xenien-Streit. In: Hans-Dietrich Dahnke / Bernd Leistner (Hrsg.): Debatten und Kontroversen. Literarische Auseinandersetzungen in Deutschland am Ende des 18. Jahrhunderts. 2 Bde. Berlin/Weimar: Aufbau Verlag, 1989. Bd. 1. S. 451–539.

Georg Kurscheidt / Norbert Oellers: Zum Verständnis poetischer Texte aus Varianten. Goethes und Schillers »Tabulae votivae« und »Xenien«. In: Editio 4 (1990) S. 160–182.

Franz Schwarzbauer: Die Xenien. Studien zur Vorgeschichte der Weimarer Klassik. Stuttgart/Weimar: Metzler, 1992. (Germanistische Abhandlungen. 72.)

Theodor Verweyen: Der andere Goethe: als Olympier im Xenienkrieg. In: Euphorion 108 (2014) H. 2. S. 157–193.

Norbert Christian Wolf: Kriegsführung – Anonymität – Autonomie. Die Polemik der »Xenien« im Strukturwandel des literarischen Feldes. In: Goethe-Jahrbuch 128 (2021) S. 30–45.

Abbildungsnachweise

S. 6 f. *Abb. 1.* Musen-Almanach für das Jahr 1797 herausgegeben von Schiller. Tübingen: Cotta, 1796. Frontispiz und Titelseite. Exemplar: Herzogin Anna Amalia Bibliothek, Klassik Stiftung Weimar, Sign. A 300 (2).

S. 46 *Abb. 2.* Xenien, Sammelhandschrift (H^b). Goethe- und Schiller-Archiv, Klassik Stiftung Weimar, GSA 25/W 687. S. 1.

S. 78 *Abb. 3.* [Fürchtegott Christian Fulda]: Trogalien zur Verdauung der Xenien. Kochstädt [Halle]: zu finden in der Speisekammer [Renger], 1797. Titelkupfer. Exemplar: Bayerische Staatsbibliothek München, Sign.: P.o.germ. 411 h.

S. 84 *Abb. 4.* Friedrich Schiller an Johann Wolfgang Goethe, 22. Januar 1796, Goethe- und Schiller-Archiv, Klassik Stiftung Weimar, GSA 28/1048.

Inhalt

Anhang